JN313553

さすらいの　沖縄伝承男

カベルナリア吉田

林檎プロモーション

もくじ

第二章　海山の恵みに感謝

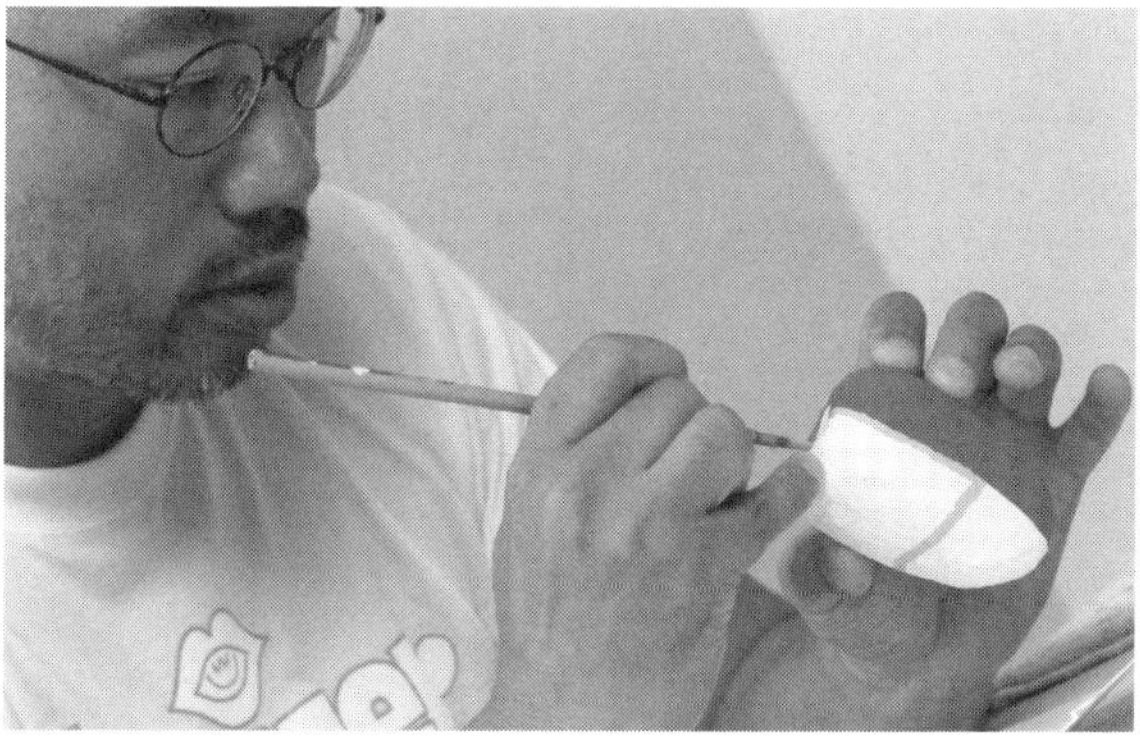

まえがき

沖縄にはたくさんの、伝統芸能や伝承技があります。その内容は武道や踊り、棒術など全身を激しく動かすものから、コンマ数ミリの世界を極める微細な手仕事まで、さまざまです。

さらに同じ名前の伝承ごとでも、集落や地域ごとで作法が細かく異なります。例えば「エイサー」と一口に言っても、踊りの手順や打ち鳴らす音楽、衣装その他細部に至るまで、集落によって違うのです。だから沖縄県全体では途方もなく膨大な数の伝承技があり、全てを列挙するのは不可能とさえ思われます。

不可能ですが……ひとつでも多くの伝承技を紹介したいと思い、ＪＴＡ機内誌「Ｃｏｒａｌｗａｙ」で「さすらいの伝承マン」を連載しました。そしてただ傍観して取材するだけでは、伝承技の根底にある「沖縄の心」までは理解できないと思い、実際に入門・体験して技をみっちり習い、記事を書きました。

本書は足掛け４年に渡った「さすらいの伝承マン」を１冊にまとめたものです。体験取材した伝承技は23種類。星の数ほどある沖縄の伝承ごとの、ごく一部かもしれませんが……僕と一緒に汗をかいたつもりになって、沖縄の空気をしばし一緒に感じてください。

――なーんて落ち着いている場合じゃないです。まずは激しいにもホドがある、こちらの第一章から――。

※本書は日本トランスオーシャン航空（ＪＴＡ）機内誌「Ｃｏｒａｌｗａｙ」２００７年１・２月号～２０１０年11・12月号で連載した「さすらいの伝承マン」に加筆修正したものです。

第一章

カラダを張って受け継ぎます！

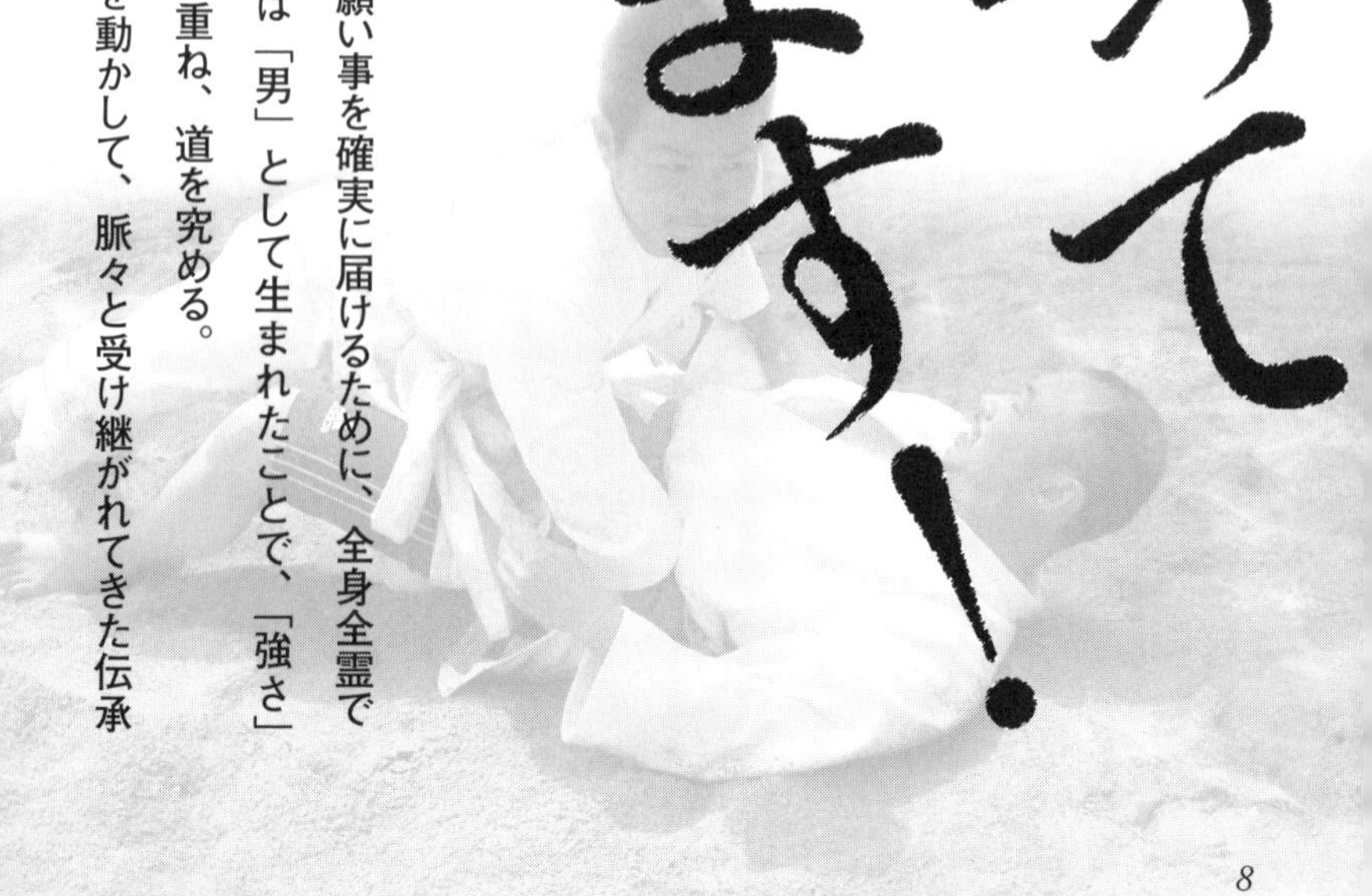

例えば神様に、願い事を確実に届けるために、全身全霊で踊りを捧げる。あるいは「男」として生まれたことで、「強さ」をどこまでも追い求め、修練を重ね、道を究める。

体力の限界ギリギリまで全身を動かして、脈々と受け継がれてきた伝承ごとが、沖縄には数多い。

傍らで見ているだけではわからない、一緒にからだを動かしてこそ伝わる「沖縄の心」を自ら汗をかき体感した、まずは伝承・第一章。

伝承
FILE No.1

沖縄角力《ずもう》

3本勝負の2本目、筆者まさか勝利の証拠写真！

沖縄の「すもう」は「角力」と書く。本土のいわゆる「相撲」とは違い、道着をまとい帯を結び、相手の背中を地面に着ければ勝ちとなる。場外に「押し出し」で勝負がつくことはなく、強さを徹底的に追求した競技といえるだろう。

その歴史は古く、琉球王国時代から数百年にわたり行われてきた。なかでもたくさんの力士を生んだのが久米島。ここに不世出の名力士がいると聞き、体重97kg（当時）の筆者は勇猛果敢？に乗り込んだのだが……そこには取材人生史上最大の試練が待ち受けていた！

基本技すら修得できないまま無情にも日は暮れた……

「おいくつですか？」と聞かれたので「41歳です！」（当時）と答えると、師匠・饒平名《よへな》智弘さんは「参ったな」という表情になった。

「普通は30歳で引退だけどね……」と困ったように言うではないか。沖縄の角力は、それはもう激しいスポーツで、40歳を過ぎて挑戦するなど論外なのだそうだ。

「練習は夕方5時からです。野球場の前に土俵がありますから……」

師匠

饒平名《よへな》智弘さん（写真左）

沖縄角力の聖地・久米島で、名力士といえばこの人！　現役時代の優勝回数は、なんと約150回。角力の歴史に燦然と名を刻む、不世出の鉄人である。引退後も島で後進の指導にあたり、堂々たる勇姿は今も王者の風格にあふれている。

久米島では字（集落）ごとに土俵がある。島の東部・真謝《まじゃ》集落の土俵に立つ健太君と寿君。

そう言いながらも饒平名さん「やめるなら今のうち」と言いたげな表情。だがここまで来て、帰るわけにもいかない。夕方、僕は言われた通り、野球場の前に出向いた。

……ここで練習？　野球場前には歩道が延び、その脇に砂地の空き地が。練習場は道行く人から丸見えなのだ。そして饒平名さんと島の若者、大村健太君（当時21）と島袋寿君（当時20）が登場。中肉中背の若いふたりだが、立派な力士。最初にふたりの乱取りを見る。

「フン、フン、そりゃ！」

おおっ！　寿君がフワリと宙に舞い、土俵に投げられた！　沖縄角力は柔道とレスリングの要素があり、格闘技色が強い。時には頭から落下することもあるそうで、確かに40を過ぎて始める競技ではない。だが、

「じゃ、やってみましょうか」

非情にも声がかかってしまい、ついに僕も一礼して（これが大事）土俵入り。相手は健太君。帯と道着の隙間に手首までねじこみ、相手の帯をしっかり掴む。技は30以上あるそうで、まず基本技「タカヌシ」を教わる。相手を腰に乗せて持ち上げ、自分のからだを捻って反転させ、その勢いで投げるのだ。

「帯を最後まで放さないで！」

と言われ、健太君を腰に乗せて持ち上げ反転……できない。僕より遥かに軽い健太君が腰に乗らず、逆に軽々と投げられてしまう。力じゃないのだ。何が違うのか？

「ハネ上げる感じで！」「脇を締めて！」

饒平名さんの声も飛び、何度もやってみるが、できない。汗だけが滴り落ち、辺りが次第に暗くなる。――2時間経過。結局基本のタカヌシができないまま、最後は土俵に頭から突っ込み、練習は終わってしまった。

柔道着風の胴着を着て帯を締め、基本技「タカヌシ」の練習に励む筆者だが……。練習開始から数分で帯を握る手がしびれ、力が入らなくなってしまった。汗はボタボタと滴り、息は切れ、精神力だけで土俵に立ち続ける。島の力士は場所が近づくと、毎日２時間の練習を欠かさないという。

「角力がなきゃ久米島じゃない」

練習後の宴会で、泡盛を交わしながら饒平名さんは言った。

久米島では小学校入学と同時に、大半の子どもが角力を始めるという。島内では年6回も大会が行われ、子どもたちは各字《あざ》の誇りを背負って土俵に立つ。練習を通じて心技体の礼儀を学び、男としての強さをどこまでも追求する。

「人が1回練習したら2回練習、１００回練習したら１０１回練習して、久米島の男は強くなっていくんです」と饒平名さん。理屈ではない。角力に勝ち強くなることが、久米島の男である証なのだ。

「強くなければ、久米島の男じゃない」――泡盛の酔いが回る中、饒平名さんの言葉がいつまでも、胸に残った。

まさかの大会出場！ いざ決戦の地・波上宮へ！

一週間後、僕は那覇の波上宮《なみのうえぐう》にいた。例大祭で行われる奉納角力大会に、僕は無謀にも出場することになったのだ！「飛び入りがほかにもいるから」と饒平名さんは言うが……どうか自分より弱い飛び入りがいますように。と後ろ向きな気持ちで重量級にエントリー。まず健太君が軽量級に出場するも2回戦で敗退。「これじゃ終われない。重量級にも出ます！」と急遽エントリー。闘志がみなぎり、声もかけられない。そして、「これより重量級の部、試合開始します！」

始まってしまった！ しかも、

「北海道出身の吉田君！」

行司が僕の名前を呼んだ瞬間、会場がワーッと沸いた！ 結局飛び入りは僕ひとり。しかも北海道出身、目立つことこの上ない！

「彼は饒平名さんの所で修業しました！」と紹介されるや、会場がさらに沸く！ 負ければ饒平名さんの顔に泥を塗ってしまう。負けられない。相手は本島北部・宜野座《ぎのざ》村《そん》から来た岩のようなお兄さん。「北海道ガンバレ！」の声も飛ぶ中、試合は3本勝負で始まった！

1本目。相手を持ち上げタカヌシを決めようとするが、微動だにしない。逆に一瞬のスキをついて投げられ、1本取られた！ どうすれば勝てる？ 頭が真っ白なまま2本目！

波上宮の奉納角力に出場した筆者！　試合寸前まで逃げ出したい気分だったが、いざ相手と対峙すると、不思議なことに「怖い」とは感じなかった。たった1日の練習でも、成果はあったということか。

組んだ瞬間に再び持ち上げられるが、相手の左足に一瞬のスキが！　反射的に右足を引っ掛け、全体重を乗せ覆いかぶさり、そのまま倒れこむ。僕が上で相手が下。相手の背中が土俵についた。勝った！　1本取った！

3本目。これも取れば一回戦突破だが……あっという間に敗退。でも力を120%出した。悔いはない。そしてこれほど「負けたくない」気持ちが沸くとは意外だった。眠れる闘志を呼び起こす、これが沖縄角力なのだ。

応援席の一角をふと見ると、健太君が寝転がり天を仰いでいた。重量級でも彼は優勝できなかった。悔しいだろうが……その気持ちがいつか、優勝につながるだろう。

B力士の輪に、筆者も
わり写真に収まった。

最後の最後で意外な展開が待っていた。

「技能賞・北海道の吉田くん！」

なんと、賞をもらってしまった。賞品のビール2ダースと泡盛2升、賞状と楯までもらいホクホクしながら、かくして怒涛の角力入門は無事に終わったのだった。

●取材／2007年5月　●撮影／丑番直子
●コーラルウェイ2007年7・8月号に掲載

取材こぼれ話
三時茶で、ちょっとひと休み

僕は当時、体重が100キロ近くあり、それだけの理由で「角力ならできそうだ」と取材前は思っていましたが……練習開始数分で自分の甘さを痛感しました。男の強さは、からだの大きさではないんですね。格闘技経験者に言わせれば、当たり前でしょうけど。

指導役の健太君が、数年前の大会で首の骨を痛めヘリコプターで運ばれた話を聞き、試合前は「無事に東京に帰れること」しか考えられませんでした。もう少し練習を積んで、ケガが怖くないからだを作っておけば、気持ちも違っていたのかも。大会当日は緊張で震える僕をヨソに、編集者とカメラマン（ふたりとも女性）が屋台グルメを満喫していて「チクショー」と思ったことを、今も執念深く？覚えていますね。

伝承
FILE No.2
クイチャー

クイチャーは、宮古島に古くから伝わる雨乞いの踊りである。宮古島はその昔水事情が悪かったころ、干ばつや水不足に悩まされることが多かった。田畑が干上がり作物が枯れると、島の人々は恵みの雨を呼ぶ最後の手段として、クイチャーを踊ったという。

その踊りのテンポやリズムは、集落ごとに違う。中でも今回入門する、島の中心部・平良市街の古い集落「荷川取《にかどり》」のクイチャーは「激しい」と評判だ。全身全霊で雨乞いをした島人の魂を受け継ぐべく、いざ宮古島へ。

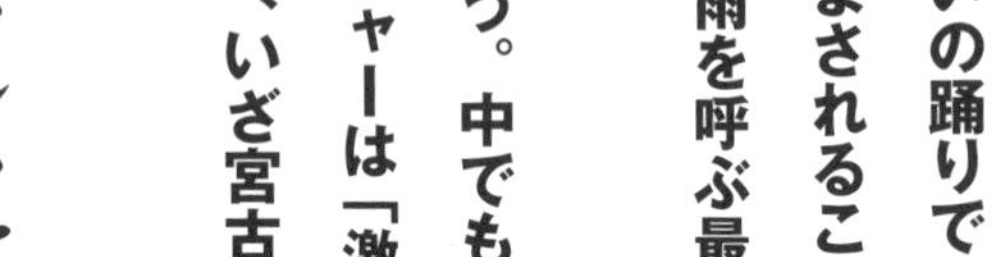

土煙が宙を舞う！予想外の勇ましさに呆然

満月が輝く秋の夜、平良《ひらら》郊外のカママ嶺《みね》公園に向かった。年に1度のクイチャーフェスティバルが行われていると聞き、入門前に見学しておこうと思ったのである。

公園に着くと、フェスティバルは始まっていた。いろいろな集落のクイチャーが順番に披露され、そろいの着物に身を包んだ踊り手たちが、手拍子を打ち掛け

島の水事情が大きく改善された今、クイチャーはフェスティバルほか各種イベントの場を中心に受け継がれている。クイチャーフェスティバルは2002年から毎年行われ、写真は2006年に行われた第5回目の模様

声を合わせ踊っている。集落により踊りや衣装は違い、中には子どもだけのクイチャーや、ゆったりスローなクイチャーもある。全体的にノンビリとした雰囲気で、これなら自分にもできそうだ……などと思っていたら、荷川取クイチャーが始まった。そして会場の空気は一変した！

三線の早弾きに乗って、数十人の踊り手が一糸乱れぬ隊列を組み、凄い速さで舞台の中央に飛び出した！　隊列は瞬く間に大きな輪となり、それ自体が一体の生き物のように動き、回り出す。「ササッ！」「ヤイヤノ！」の掛け声に合わせ、踊り手たちが地面を蹴るたびに、土煙がパッと舞う。地鳴りが響く。

なんという迫力！　僕に踊れるだろうか。

生半可な気持ちでは、恵みの雨を呼ぶことはできない――入門を翌日に控え、僕は早くもピリッとした緊張感に包まれていた。

踊りを覚えるだけで精一杯。果たして雨を呼べるのか？

翌日の夜、荷川取公民館に保存会の皆さんが続々とやってきた。保存会会長の与那覇秀夫さんと、奥さんの朝子さん。ほかメンバーの大半が僕より年上で、女性も多い。昨日の激しい踊りを、この人たちが？ ……とか考えていると「一緒にやってみましょう」と朝子さんから声がかかり、入門は始まった。

朝子さんと向かい合い、基本の7拍子の踊りを習う。1、2、3、4、5、6、7。両手を振り上げ腰を落とし、飛び跳ねて手拍子2回。3で「ササッ」か「ヤイヤノ」の掛け声、5〜7で「ニノヨイサッサ」の掛け声を入れつつ同時に手拍子。文字で書くのは簡単だが……凄まじい全身運動！ ラジオ体操モーレツ版と呼びたい激しさに、早くも息が切れる。だがここで。

「とりあえず、やってみようか！」

と会長の号令が！ も、もう？ 皆さんと一緒に輪になっ

師匠 与那覇《よなは》秀夫さん
荷川取クイチャー保存会の2代目会長。奥様が荷川取ご出身という縁で、荷川取クイチャーに参加され、早弾き三線《さんしん》と歌で踊りをリードする。笑顔が爽やかなナイスガイ。

たものの、踊りの順番が全く頭に入っていない。しかしアタフタする僕に構わず、三線と歌の伴奏がスタート、踊りは始まってしまった！

わからない！　そう思った瞬間、僕だけ動きが止まってしまう。皆さんが凄い速さで一糸乱れず踊る中、ひとり取り残される自分。隣のオジさん・ヒロシさんの踊りを真似て途中からなんとかついていこうとするが、右手と右足が同時に出たり、ひとりトンチンカンなタイミングで手拍子を打ってしまったり大パニッ

輪の一角に参加して、手を打ち鳴らし必死に踊る。「クイチャー」の語源は、声(クイ)を合わす(チャース)の意味から。「もっと声を出して！」「目線を上げて！」と矢継ぎ早に指導の声が飛んだ

荷川取クイチャーは1回通すと、所要約5分。短いようで、動きっぱなしの5分間は長くてキツい。休憩に入ると思わず座り込んでしまったが、その間も会長ほかメンバーの皆さんから細かいアドバイスがあり、神妙に聞く

ク。結局ジタバタしただけで、1回目は終わってしまった。

「土煙が立つように床をドンと踏んで！」「声を出して！　オシリは出さない！」「顔は笑って！」「手先は美しく！」

いっぺんには無理だ！　まずは気持ちから受け継ごう。会長、どんな気持ちで踊ればいいですか？

「今は雨乞いより、祝いの席で踊ることがほとんどです。楽しく踊りましょうねー」

と会長。その横から「雨なら天気予報見ればいいよー」とヒロシさんの茶々も入り、これで少し気持ちが楽になる。

再び2回目の通し練習。そして3回目……不思議なもので、からだが段々と踊りを覚えていく。踊りながら朝子さんやヒロシさんと目が合い、笑いを交わす余裕も。「できているサー」と会長にも励まされ、楽しくなってきたところで初日の練習は終了した。そして会長から、こんな一言が。

「明日は着物着てやってみようねー」

入門2日目の夜。体重100kg（当時）の僕のために用意された、特大ジャンボ着物に身を包む。「似合うサー」とほめられて、なんだ

か荷川取の住人になった気分だ。

「よーし、本番行ってみよう！」

会長の号令一声、三線が鳴り始めた！　前日の練習よりテンポが速い！　でも……からだが自然に動く！　輪の中心に向き合うとメンバーの皆さんと目が合い、みんな笑顔。自分も気がつくと笑っている。

宮古島の人々はその昔、水不足以外にも、さまざまな苦労に悩まされた。特に大変だったのが重い人頭税。この重税が廃止されたとき、島人たちは総出でクイチャーを踊り祝ったという。その後も人々は幾多の災難と向き合い、乗り越えるとクイチャーを踊り、歓びを分かち合った。雨乞いにとどまらず、クイチャーはあらゆる場面で、島人の心を支えたのだろう。かくして僕は、着物着用の「正調」クイチャーを無事に踊りきり、皆さんの拍手に包まれて入門は終了した。

輪の中心に向き合い、踊りながら前進して輪を小さくしていく。お互いの笑顔を見ながら徐々に、踊りがひとつにまとまっていくのだ

女性陣のひとりがムギューッと抱きついて帯を締めてくれる。久々の抱擁に頬を赤らめ（アホか）着付完了。

「クイチャーの輪は、沖縄のイチャリバチョーデー(※)の輪です。列は階級、だけど輪は平等を表します。身分も何も関係なく、喜びをみんなで分かち合う、それがクイチャーの素晴らしさなんです」

会長はそう言って、最後に「またおいで」とも言ってくれた。クイチャーを一緒に踊ったから、島人も旅人も関係ない——何気ない一言が、僕にはそう聞こえてならなかった。

●取材／2006年11月 ●撮影／明石雄介
●コーラルウェイ2007年1・2月号に掲載

特製?のジャンボ着物を着て、本番気分で踊る! 「大きな動きで迫力がありました」とお褒めの言葉もいただいた。

(※)イチャリバチョーデー／沖縄の言葉で「会えばみな兄弟」の意味。沖縄では初対面でも、昔からの知人か兄弟のように、気さくに接してくれる人が多い。

最後は全員正装でハイポーズ。青い紺地(くんじ)の着物は、荷川取クイチャーの由緒正しい正装だと聞いた。

取材こぼれ話
三時茶で、ちょっとひと休み

『さすらいの伝承マン』記念すべき連載第一回目は、この宮古島でのクイチャー入門から始まりました。一読者として愛読していた「Coral way」で連載がもてる喜びが極度の緊張に転じて、ガチガチに固くなったのを覚えています。また同行した女性編集者が、なぜか特訓モード。「この人(僕)、昼間は砂浜でも走らせましょうか?」と何度も言うので、ヤル気があるフリをしつつ心の中で「やめてくれ!」と叫んでいたのを思い出します。そして宮古島だから、練習後に当然オトーリ(※)付きの飲み会があって、練習より飲み会のほうが長かったような気が。慣れないオトーリの口上が浮かばなくて、肝心の取材以上に大変でしたね。

(※)オトーリ／宮古島に伝わる、泡盛の独特な飲み方。参加者が順番に、口上を述べつつ泡盛を一気に飲み干し、それが延々と続けられる。

南風ぬ《ヌ》島《スマ》カンター棒

伝承
FILE No.3

約360年前の石垣島に、デッテーという男がいた。デッテーは南方から漂着した人を助け、お礼に棒踊りと獅子舞を教えてもらったという。以来、踊りは「南風ぬ島《ハイヌスマ》カンター棒」として、新川《あらかわ》集落で脈々と受け継がれている。ほかの集落には一切教えることもなく。

取材の前に、新川のある人が教えてくれた。「新川の棒にはロマンがある」と。……ロマンがある棒踊り？　それはいったいどんな踊りなのか。そして「カンター」とは？

謎が謎呼ぶ伝統技を習うために、いざ石垣島へ。

勇猛果敢な棒踊りに託すのは博愛の気持ち

石垣市街を西に進み、漁港近くの新川へ。新川は石垣島で古くから栄える「四カ字《しかあざ》」と呼ばれる集落のひとつ。路地に入り角をいくつか曲がると、赤瓦屋根の立派な家——師匠のひとり・入嵩西正治さんのお宅に着いた。なんとお宅自体が文化財、立派なわけだ。

「じゃあこちらで踊り教えましょうねー」

師匠

入《いり》嵩《たけ》西《にし》 正《まさ》治《はる》さん（左）
嵩《たけ》本《もと》 安《あん》意《い》さん（右）

南風ぬ島カンター棒は1990（平成2）年、石垣市の無形民俗文化財に指定された。その前年に保存会が発足し、入嵩西さんは事務局長を、嵩本さんは指導部長を務めている。

御年71歳（取材当時）の嵩本さんが、高々と跳ねる。「一度踊ると"カンター病"にかかりますよ」（嵩本さん）

怖しいことに僕は今日、棒踊りをこの文化財の庭で習うのだ。庭には石積みの立派なひんぷん（目隠し）も立ち、僕というド素人が棒を振り回せば壊す危険もある。棒踊りが激しくなければいいのだが——そんな祈りは練習開始と同時に打ち砕かれた。

「こうやって舞うわけです」

もうひとりの師匠・嵩本安意さんも現れ、ふたりの師匠がまず手本を踊ってくれる。おふたりともお年は60過ぎと聞いたが、長さ2m近い棒を持って軽快に踊り、跳ねる跳ねる！　凄まじい速さで手本は進んでしまい、踊り終わったおふたりは僕にサラッと言った。

「じゃ、一緒にやってみましょうか」

たった1回見ただけで、もう踊れと？　四の五の言う暇もなく、入門は早速始まった。

棒を手に持ち大きくジャンプ！　首を左右に振りながら棒をバトンのように回し、大きく円を描いてカカトが尻につくまでステップ……できない。全身の各部位をバラバラに動かし、しかも回転が加わるので目が回り、手が棒をあらぬ方向に振り回す。……あっ、棒が文化財をかすめた！　幸い当たらなかったが、全身から冷たい汗が流れ出す。しかし、

「今のは踊りの1番です。次は2番行ってみましょう」と両師匠、僕の修得度など構わずサッサと2番突入。踊って覚えるしかない！

……人間のからだは不思議なもので、何度も踊ったら、それなりに覚えてしまった。しかし棒を地面と垂直に回し飛び跳ねる、1番の踊りの一部分がどうしてもできない。本番は2人1組×10組で隊列を組み、輪を描きフォーメーションの美しさで魅了する。しかも輪の中では獅子が舞う。ひとりが踊りを乱せば、カンター棒自体が成立しないのだ。

棒はこう回して自分はこう飛んで……考えるほどわからなくなり何度も練習する。庭先でヤギがメエと鳴き、気がつけば辺りは薄暗い。息が切れ汗はボタボタと滴り、激しさを体感したものの、結局1番の踊りをマスターできないまま練習は終わってしまった。

「よく頑張ったよー」

落ち込む僕に、ふたりの師匠が優しく言う。「東京から舞いに来てくれて、ご先祖様も喜んでいるよ」と言われ、気持ちが楽になる。そして「戦いではなく、平和の棒だから」とおふたりは声をそろえた。棒踊りを通して伝えたいのは、人助けをしたデッテーの、博愛の精神なのだという。

カンター棒の伝承は、戦前戦後の混乱で途切れかけた。だが昭和36年に、石垣小学校創立80周年で踊ること

になり、集落の長老から口述で聞き取り踊りは再現された。かろうじて繋がった伝承の糸。以来カンター棒は建物の各種記念式典で披露され、最近では離島ターミナル開業祝いで踊られたという。

「隊列がバシッと決まると、なんてきれいな踊りかと涙が出ます」と嵩本さん。踊りがそろうのは、新川集落がひとつになる瞬間。さらに本番では木の皮の繊維を赤く染めて作ったカツラ「カンター」をかぶるのだが、跳ねるたびに揺れる様子は圧巻だそうだ。

「何百年も続いた伝統は、変えずに伝えなきゃいけない」入嵩西さんがポツリと言う。何気ない一言に、身が引き締まる思いがした。

恐れ多くも文化財の庭で棒を回し、基本動作を覚えていく。何度も回すうちに、手のひらの感覚がなくなってしまった。

ご先祖様に断りを述べ正装での舞いは始まった

この日の夜、公民館で青年会のメンバーと一緒に、衣装をつけて踊ることになった。入嵩西さんのお宅で正装に着替える。白の上下に黒い帯、赤いタスキに赤い脚絆《きゃはん》。そして顔が隠れるほど大きな、赤いカンター。

ふたりの師匠も正装に身を包み、3人そろって公民館へ……行く前に、寄る場所が。

「まず家元《やーむとぅー》に挨拶しに行きましょう」

酒と塩、線香とカマボコ、そして天ぷらを並べたお膳を持ち、向かった先はデッテーの子孫である唐真《とうま》家。当主の唐真彦《まさる》さんに迎えられ、お膳を仏壇に供えると手を合わせた。嵩本さんの口上が静かに響く。

(左頁写真) 正装に身を包み、赤カンターを実際にかぶって踊る踊る! ちなみに「カンター」は「もじゃもじゃ頭」の意味。石垣島のほかの集落にも棒踊りはあるが、赤カンターをつけるのは新川だけ。また昔は農民だけが踊り、貴族は踊ろうにも踊りを知らず、指をくわえて見ていたとも言われている。

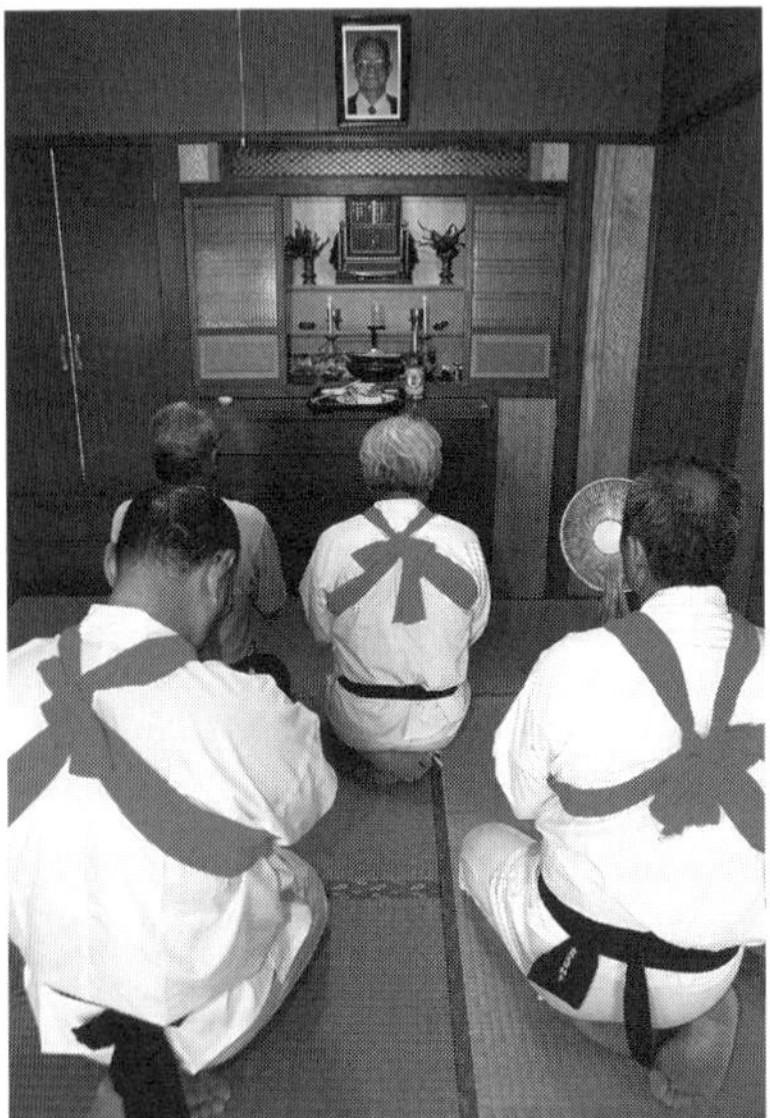

実際に踊りの前にまず、踊りの無事をご先祖に祈る。そして終わったあともご先祖に報告する。踊りと一緒に、先祖を大切にする気持ちも受け継がれていく。

整然と用意された、ご先祖様へのお供えセット。ただしこの日は飛び入りでウインナーも並んだ。この辺の気楽さが沖縄らしい。

「ご先祖様のお陰で、この素晴らしい棒を舞わせていただきます」
――踊りと一緒に受け継がれる、ご先祖様への感謝の気持ち。これから神聖な踊りを舞う実感が沸いてくる。

公民館では青年たちが、獅子を準備して待っていた。踊り手は全員赤いカンターをかぶり、列を組む。そして入嵩西さんが笛を吹くや、隊列が凄い速さで動きだした！

ほぼ20人の踊り手が一体の龍のようにうねり、輪を描いていく。棒を振り上げ全員が一斉に高々と跳ねる。視界に飛び込む鮮烈な赤、それは躍動するたび揺れる赤カンター。

赤い髪が揺れる。会場が熱気に包まれ、南方の熱風が吹き始める。

ふと思った。「南方」とはどこなのか？
まだ見ぬ南方のどこかの島で、もし今も同じ踊りが舞われていれば、未知の島と石垣島が一本の線で繋がる。これが「ロマン」でなくて何だろうか――踊りが終盤に近づく中で僕はそんなことを考えていた。

●取材／2008年5月　●撮影／福田真己　●コーラルウェイ2008年7・8月号に掲載

横笛を吹く入嵩西さん。伴奏はほかに銅鑼(どら)と太鼓も入る。

取材のために保存会と青年会の皆さんが集まってくれた。ちなみに獅子舞の獅子は重さが20kgほどもあり、これをかぶって踊るのは大変な体力がいる。屈強な若者がいて初めて、芸能は受け継がれていくのだ。

取材こぼれ話　三時茶で、ちょっとひと休み

この棒踊りは、相当な沖縄通でも知らない「レア」な芸能で、僕ら取材班は凧作りの取材(→167ページ)のときに教えてもらいました。ワラシベ長者的に見つけた掘り出し物です。

いっぽうで、取材はハプニング続き。まず取材日が1日間違って伝わっていて、予定日の前日に慌てて出発。そして到着したら、その前日に保存会の先代会長が急死されたと聞きビックリ。さらに公民館での本番中に停電になり、急に真っ暗になって焦りました。

僕は当時、体重が100kgありました。そして赤カンターかぶったら、青年会のひとりに某有名人に似ているとからかわれ、テンションを下げないため鏡で自分のカツラ姿を見ず本番に望みました。有名人は誰かって？　ヒントは「情熱大陸」ってことで。

伝承
FILE No.4

空手（小《しょう》林《りん》流《りゅう》）

沖縄で空手、というと「琉球空手」という言葉がしばしば使われる。だがそもそも、空手は沖縄で発祥した武道である。今となってはその史実を、知らない人も多いかもしれない。空手は沖縄古来の武道「手（てぃー）」と、中国の護身術が融合発展して生まれた武道であり、その後世界中に広まりスタイルも多様化した。実際に打ち合う、実戦打撃系の流派も増えているようだが、発祥元の沖縄の空手は今も、型を究める伝統派が中心である。

空手本来の技と心を、沖縄で修得したい。そう考えた僕は那覇の壺屋《つぼや》で、三大流派のひとつ・小林流の道場・究道館の門を叩いた。

気迫を込め突く！蹴る！ ただし動作はしなやかに

秋のはじめの蒸し暑い午後。クネクネと折れ曲がる壺屋のスージグヮー（筋道／裏路地のこと）を歩くと、緑茂る向こうに道場・究道館が見えた。立ち止まった瞬間に、額から汗が滴り落ちる。道場の扉を開けるとすでに、師匠・比嘉稔先生と4人の生徒さんが待っていた。正座して一礼し道場の中へ。緊張が走る。

まずは基本の突きと蹴りの練習から。脇を締めて手首はまっすぐ、拳を投げ出すように突く。腕の力に任せるのではなく、腰を大きく回転させて、腰と拳の動きを一つにして突く。拳は投げるように、弾けて飛ぶよう

師匠

比嘉《ひが》 稔さん（写真右）

沖縄小林流空手道究道館長にして小林流藩士十段、沖縄県空手道連合会副会長。伯父の比嘉佑直師が開いた究道館を受け継ぎ2代目館長を務めている。究道無限―道は究むることなし―という教えのもと、「稽古してこそ空手家。継続が大事です」と、68歳（取材当時）の現在も日々の練習を欠かさない。道場では息子の康雄（こうゆう）さんにも、手取り足取り指導をしていただいた。

に。無駄な力は込めず、腰の動きにより拳がはじき出されるように突く。そして突いたら緩める。足音をドンッとたてることはしない。剛から柔へ。柔から剛へ。重心はブレず、下半身と上半身の力を、一瞬で拳に集約する。

太ももを胸に着くほど上げ、空中高く蹴り上げる。相手の顔に当てるつもりで。1、2、3、4……何度も繰り返す。開始から5分と経たないうちに、早くも額から汗が滴る。

とここで「普及型のⅠとⅡ、どっちにしようかね?」と稔先生が言う。練習開始から5分で、いきなり型を？　驚きをよそに「あなたは蹴りが上手そうだから」と勧められ、基本型のひとつで蹴りを含み複雑そうな「普及型Ⅱ」に挑戦することになってしまった。

号令に合わせて右足を引き、左手を突き上げて払い右手は腰に当て、次に右手を突き左手は腰に当て、足を相撲のシコのように踏ん張り左手を払い右手は腰に……み、右と左がごっちゃになって、ついていけません！　ここで生徒のひとり・緑川真紀子さんが助け舟。

「いま、左に敵がいます。だから左手で払ってください」「今度は正面に敵が来ました」「私を敵だと思って、思い切り払ってください」

女性ならではの細やかな教え方で、左右の乱れが徐々に治っていく。それでもマゴつく僕だが、稔先生は「できているよー」「いい蹴りするねー」と褒めてくれて「できているから先に行こうね」と型は進んでしまう！「力を入れるのは当てるときだけ」「足はドンと踏み込まずにすり足で」――小林流は、琉球王朝時代に首里で広まった流派「首里手」の流れを汲み、王国の侍を思わせるしなやかな動きが特徴。ドタバタと動けばいいというものではないのだ。指導されるまま正面に蹴りを放ち「エイ！」と掛け声一発！ 我ながら驚くほど大きな声が出る。道着から、そして帯の端からまで汗が滴る。ヘロヘロに疲れているのになぜか、自分の中で熱い何かが湧くのを感じ始める。

そして練習自体は厳しいが、先生や生徒さんの穏やかな雰囲気にも驚く。指導の言葉は「ですます調」で語気も柔らかく、目を吊り上げて怒られるような場面など一切ない。空手の道場＝おっかないという先入観があり、普段から運動不足の僕は、怒鳴られるのを覚悟で望んだのだが……意外だ。

2時間が経過、なんとか普及型Ⅱの動きに付いていけるようになり、いったん休憩。「2時間でよく覚えたよ」と稔先生は、ここでも再び優しい言葉をかけてくれた。

真紀子さんの打撃を左手で払う。動きは常に円運動が基本で、大きな相手の攻撃を、円を描く動きでかわす。真紀子さんはご主人の徹也さんと共に、稔先生を人生の師と仰ぎ鍛錬を続けている。

号令に合わせて蹴り一閃！

先生の手のひらに突きを当てて必死に練習。手首が曲がると自分の手が折れてしまうので、まっすぐ伸ばし、目標物を貫くつもりで突く。
稔先生が伯父の佑直師に入門したのは50年前、18歳のとき。「当時は鬼道場でした。窓を閉めきって練習して息苦しくて、壁の小さな穴に口をつけて外気を吸いましたよ」(稔先生)

数十年かけて型を究め　倒す相手は自分自身！

「究めることなどできません」

道場名である「究道」の意味を聞くと、稔先生はそうおっしゃった。基本の突きや型も含め、上手にできても必ずその上がある。だから「もっと上手くなる」ために鍛錬する。

空手は世界に広がり打撃実戦型の流派も増えたが、小林流をはじめ沖縄の空手は今も、伝統的な型を黙々と鍛錬するものが多い。敵を倒すのではなく、型を究めるべく精進することで、乗り越える相手は自分自身。そして1つの型は数十年かけて修得するという。

実は今回の修業は最初、気が重かった。僕は子どもの頃、野球でフライを取り損なって「お前のせいで負けた」と散々責められ、運動全般が苦手になってしまった。目を吊り上げて勝利にこだわる友達やコーチを見るほどに「何のために勝つのか」がわからなくて、全ての競技を敬遠するようになった。だが。

究められないから頂点に立つことがない。だから慢心せず常に謙虚。その気持ちが人に優しく自分に厳しい人格を形成する。稔先生そして生徒さんたちの穏やかさが、「勝つこと」の向こうに空手が指し示す、人として進むべき「道」を雄弁に物語る。

「空手を通じて伝えたいのは気持ちです。心です」――先生の言葉を聞くほどに、長年抱いていた運動への苦手意識と「勝つことへの疑問」が、柔らかく溶けていく思いがした。

黒帯の皆さんに混ざって、輪になって突きの練習。これだけでも十分にハード。

康雄さん指導のもと、板に藁を巻いた「巻き藁」で突きの練習。但し最近は本当の藁ではなく、皮袋をかぶせたものが多いとか。昔は男兄弟の多い家では庭に巻き藁があり、パンパンと突く音が、夜がふけても聞こえたそうだ。

練習を終えて全員集合。沖縄の空手人口は、女性と子どもを中心に年々増えているそうで、伝承の未来は明るいのだ。

夜になり、子どもも加わって練習再開。突きの練習から始まり、後半はひとりずつ型の披露。子どもも蹴りを放ち「エイ!」と掛け声! 気迫に圧倒される中、いよいよ僕も、覚えたばかりの普及型Ⅱを披露!

途中で何度か右手の代わりに左手が出たものの、蹴りを放ち「エイ!」と声も出て、なんとか無事終了。やり終えて礼をすると、温かい拍手に包まれた。

自分にもできた——今まで味わったことのない充実感が、全身を包み込む。温かさの向こうに、ほんの少しだが「道」が見えた、そう思えてならなかった。

●取材/2009年9月
●撮影/福田真己
●コーラルウェイ2009年11・12月号に掲載

取材こぼれ話

三時茶で、ちょっとひと休み

「さすらいの伝承マン」全23回の中で、その後の自分に最も大きな影響を与えたのが、この空手入門でした。取材を終えて帰京してからも、比嘉先生に習ったさまざまなことが忘れられず、ついには近所で道場を探し、それが師匠探しに転じて社会人レスリング教室に入門し、現在も続いています。

僕は幼少期から小学校、中学高校と通じて全ての運動が苦手で大嫌いでした。高校時代はクラスの男子が35人いる中で、スポーツテストの全種目でビリになったこともあるくらい。それが早稲田大学に入り、体育の授業でレスリングを選択し、生まれて始めて運動を「楽しい」と感じたのです。今回フッとそのことを思い出し、早稲田の社会人教室でレスリングの授業があると知り、20数年ぶりに生徒として参加しています。先日はついに、社会人レスリングの試合にも出てしまいました(すぐ負けましたけど)。まさか40歳を過ぎてレスリングを始めるとは思っていなかったし、その全ての発端になったのが、この空手の取材だったというわけです。

比嘉先生には取材後お会いしていませんが、レスリングで一勝できたら報告に行きたいと思っています。いつになるかわからないですけどね。

伝承
FILE No.5

世冨慶《よふけ》エイサー

白塗りの道化役・チョンダラーが軽快に舞う。その姿は滑稽だが、エイサー全体の踊りが引き締まるかどうかは、チョンダラーの舞にかかっているともいわれる。その役割は重要なのだ。

パーランクー（小太鼓）を片手に持ち、あるいは大太鼓、中太鼓を腰に提げ、若い男たちが地面を蹴って踊り跳ねる――。

今や沖縄伝統芸能の代表格ともいうべき存在になった「エイサー」。そしてエイサーと聞けば冒頭に書いたような、男たちの熱く勇壮な競演ばかりが思い浮かぶ。だが名護市世冨慶《よふけ》に130年以上も前から伝わるエイサーは、手踊り中心の優雅なもの。しかもこれこそが本来のエイサーの原型に近いという。

旧盆が近づく夏のある日、世冨慶でエイサーの練習が行われると聞き、僕も参加させていただいた。そして今まで見たどのエイサーとも違う踊りに、目を丸くして驚いた。

隊列ではなく輪を描き優雅にしなやかに舞う

旧盆を一週間後に控えた8月某日夕方。世冨慶公民館を訪ねると、中庭にすでにご婦人と子どもたちが集まっていた。

「ハイ、あなたも扇とカチカチー（四つ竹）持って!」と、ご婦人のひとりが僕に扇子と四つ竹（琉球舞踊で使う、カスタネットのような楽器）を渡す。この時点で早くも面食らった。エイサーといえば、踊り手は若い男性のみで、

師匠

安里《あさと》 順さん（写真左）

世冨慶エイサー保存会副会長で、伝承を担う若きホープ。集落の長老たちも「順の踊りは美しい」と絶賛する。右端は世冨慶区長の仲村勝晃さん、隣は書記の塩川奈々子さん。伝統エイサーは次世代に、確実に受け継がれている。

夕暮れの公民館の庭に、大きな踊りの輪ができる。隊列ではなく輪を作るのが、世冨慶エイサーの大きな特徴だ。

ご婦人と子どもがいること自体が予想外。そして太鼓ではなく扇子と四つ竹？　訪ねる場所を間違ったのかと思うなか、沖縄民謡『久高《くだか》マンジュー主《しゅ》』が、中庭いっぱいに流れ出す。♪スリサーサー　エイスリサーサー♪　すると、それまでバラバラだったご婦人と子どもがなんとなく輪になって、そのまま自然に踊り始める。「さ、アナタも！」と手を引っ張られ、何ひとつ習っていないのに踊りは始まってしまった！

男－女－男と交互に並ぶのが基本だそうで、前後を妙齢のご婦人に挟まれて、見よう見まねでとりあえず踊ってみる。四つ竹を頭上に掲げ、カチカチと鳴らしつつターン。扇子をヒョイと肩に乗せ、またターン。優雅な踊りは、まるで琉球舞踊そのもの。これが本当にエイサー？　そして合間に鍬《くわ》を振り上げ畑を耕す動きが何度も挿入される。輪が回る速さは、歩くよりも遅いスピード。だが全身運動のせいか、たちまち汗が噴き出す。

日が暮れると青年たちも、徐々に集まってきた。師匠・安里順さんも爽やかに登場。「僕も先輩の背中を見て覚えました。何度も踊って覚えましょう」ということで、細かい踊りの指導は特になし。とにかく何度でも、全員で輪になって踊り、からだで覚えていくしかないのだ。順さん－ご婦人－僕の順で並び、実際に踊りながら、動きをからだに覚えこませる。ドン、ドンドンと太鼓が鳴る。♪スリサーサー♪と地方《じかた》の歌声が響き、負けじと青年たちも♪エイスリサーサー♪と囃子《はやし》を返

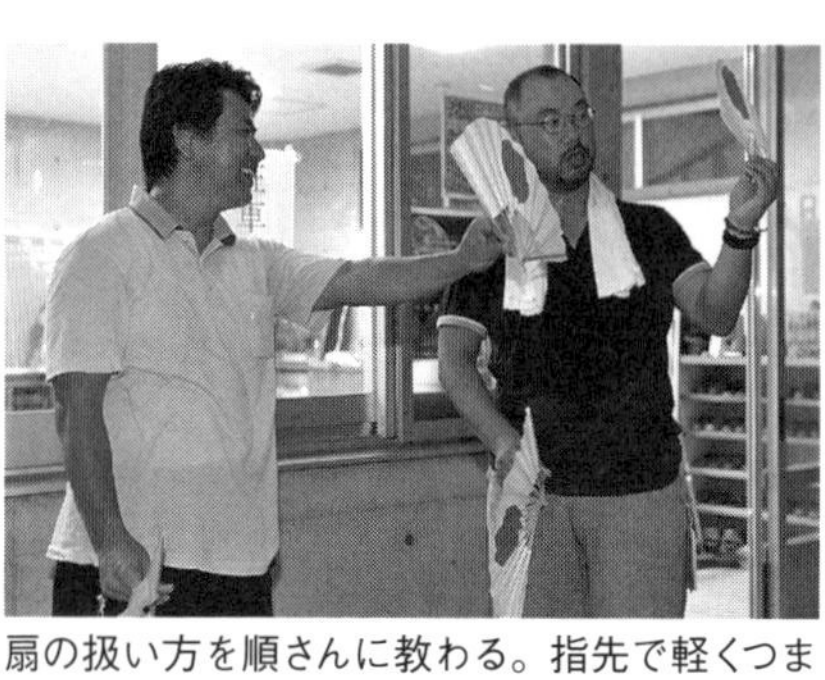

扇の扱い方を順さんに教わる。指先で軽くつまむように持ち、天女のように舞うのだ。

子どもたちに挟まれて、見よう見まねで踊る。手には日の丸が入った扇子。「エイサーだ」と言われなければ、全くそう見えない光景。

す。この掛け合いも世冨慶エイサーの特徴だが……僕は踊るのが精一杯で、声が出ない。

いったん休憩。ここで青年のひとりが僕に唐辛子入りのマース(塩)をくれて「なめると声が出ますよ」と言う。なめてみるとピリリと辛く、「うわっ」と驚く僕を見て青年が笑う。休憩は終わり、練習再開。

繰り返し踊るうちに、踊りの意味が少しずつわかってくる。扇子を肩に乗せるのは、収穫物を入れた籠《かご》を担ぐ動作。畑を耕す動きもそうだが、世冨慶エイサーには祖先を送る気持ちだけでなく、五穀豊穣の願いも込められているのだ。

何度通しただろうか。気がつくともう11時。踊りの優雅さとは裏腹に、僕も青年たちもハアハアと、荒い息が止まらない。夜の帳が下りた中庭で、冷めやらぬ熱気だけが、まとわりついて離れなかった。

集落の全員で踊るから昔と変わらず優雅なまま

とにかく今まで見たエイサーとは、何もかも違う。隊列ではなく輪を組み、踊り手は太鼓を持たず手踊り中心。そして勇壮とはかけ離れた優雅な舞い。若い男性だけでなく、老若男女すべてが参加するのも、ほかのエイサーでは見ない光景だ。

だが、その一つずつを「どうしてですか?」と聞いても、順さんは困ったように「ずっとそうだったから……」と答えるだけ。これが元々のエイサーだから、「どうして?」と聞かれても答えようがないのだ。

元々エイサーは、仏教の念仏踊りとして伝わったとされている。本来は旧盆に帰って来た先祖を、あの世に見送る厳かなものだったが、戦後の全島エイサーコンクールを経て躍動的な芸能に激変した。集落同士が「ウチのエイサーが一番！」と競い合い、そこにアメリカ統治下で抑圧された郷土魂が爆発して重なり、「魅せる芸能」に進化したのだ。だが世冨慶エイサーは、昔のまま。

世冨慶は沖縄では珍しく、豊年祭がない。五穀豊穣や家内安全の願いも込めて、エイサーを踊る。だから世冨慶エイサーは青年だけのものではなく、みんなのもの。お年寄りや子ども、女性も参加する。そして集落を出た人が帰省したら踊れるように、踊りは変えない。そうして世冨慶エイサーは、昔と同じ優雅な踊りを受け継いできたのである。

それでも旧盆を間近に控え、順さんは厳しい表情も見せた。集落の若者と子どもは、確実に減っているという。

「世冨慶のエイサーは変えちゃいけない。ウチみたいなエイサーは、ほかにはないから」——何気ない一言が、耳に残った。

翌日の夜は、本番の衣装を着て踊ることになった。男はクンジー（紺地 ※48ページ参照）の着流し、女性は絣《かすり》の着物。チョンダラーの化粧も整い、本番さながらの練習が始まった。

よく見るエイサーと違い、太鼓の叩き手は限られた少人数。大太鼓を叩く青年会会長の岸本義人さん。

地方の皆さんが三線を弾きながら、渋い声で朗々と歌い上げる。

ドン、ドンドン。月夜に響く太鼓。男女の列が輪を描き、ゆっくりと回り出す。♪スリサーサー　エイスリサーサー♪

ふと気づくと、普段着姿の踊り手が何人も増えている。掛け声に呼ばれ、集落の人たちが次々と輪に飛び入りしたのだ。徐々に輪が大きくなっていく。踊りを変えないからこそ見られる光景。130年もの昔から、世冨慶はこうやって、生き延びてきたのだろう。

夜が更けていく。だが踊りの輪は止まることなく、いつまでも回り続けた。

●撮影／丑番直子　●取材／2008年8月
●コーラルウェイ2009年7・8月号に掲載

クンジー（紺地 ※深みのある紺色に染めた布、またはその布で作った着物。舞踊のときに装うことが多い）をまとい、本番さながらの練習。エイサーはもともと、普段着の着物姿で踊るのが普通だった。世冨慶では芭蕉布を着て踊っていたが、高価になってしまったため、現在は紺地を着て踊る。

正装に身を包んだ青年たちが大集合。沖縄が本土復帰する以前は、世冨慶エイサーは琉球政府指定の無形文化財だった。若者たちがしっかり受け継いでいる。

取材こぼれ話
三時茶で、ちょっとひと休み

　昔ながらの踊りを継承するエイサーというと、本島中部の平敷屋《へしきや》エイサーが有名です。でも沖縄をいろいろ歩くうちに、世冨慶エイサーの存在を知って。ここまで原型を保つエイサーを取材できて有意義でしたね。取材は2008年8月でしたが、記事の掲載は翌年の旧盆に合わせ2009年7・8月号。「Coral-way」ではこんな風に、掲載まで1年越しの芸能取材がたまにあって、一般誌ではできない機内誌ならではの強みですね。

　エイサーの練習というと、ひたすら厳しいイメージがありますが、世冨慶のエイサーは婦人や子どもが参加するせいか和やかな雰囲気。練習開始時間に、スピーカー越しに集落放送で〈青年たち、集まれ!〉と号令がかかったのも、非常に素朴な感じがして印象的でした。貴重な芸能が、どこかくつろいだ雰囲気の中で受け継がれているのが、いかにも沖縄らしいと思いましたね。

第二章

海山の恵みに感謝

四方を美しい海に囲まれて、沖縄は海と共に暮らしてきた。

山は緑深い森に覆われ、草花が生い茂り、沖縄は山と森と共に暮らしてきた。

全ての「大陸」から隔絶され、大海にポツンと浮かぶ孤高の島・沖縄。

海山が育むさまざまな産物は、何物の助けもなく生きる沖縄の人々にとって「恵み」であり、人々は生活のあらゆる場面で、「恵み」を利用する術を体得していった。

「必要なものは買う」——そんな現代の常識を根底から覆す、先人たちの素晴らしき知恵に学ぶ。

伝承
FILE No.6

苧《ブ》麻《ー》績《ン》み《ミ》

極限まで薄く、精緻に織り上げた図柄はひたすら美しく――宮古島を代表する工芸品といえば、宮古上布。約４００年もの歴史に裏付けられた至高の織物で、その着物は一反が数百万円にも上る超一級品だ。そんな極上の織物は、島に自生するイラクサ科の多年草・苧麻《ちょま》（宮古方言で〈ブー〉と呼ぶ）を原料として作られている。

宮古上布は近年まで「織り」の技術ばかりが注目されてきたが、ここにきてようやく苧麻から糸をとる苧麻績み（ブーンミ）が、上布作りの基本技として見直されているという。それを聞いた僕は、極太の指で糸を紡ぐべく島を訪ねたが、そこでは前代未聞の細かい作業が待っていたのである。

織りだけが注目され　糸作りの大切さが忘れられていた

島の中部に広がる苧麻畑を訪ねると、師匠・下地正子さんがエプロン姿で待っていた。柔らかな笑顔で、師匠というより「お母さん」の雰囲気。風が吹き、苧麻の葉が揺れる。

――とムードに浸る暇はない。苧麻は刈ったその日に、繊維をとらなければいけないのだ。まず苧麻を刈り取り、表皮と芯の隙間に指を差しこみ、シャーッと滑らせて表皮を剥ぐ。滑らかに指を滑らす正子さんの隣

【宮古諸島】

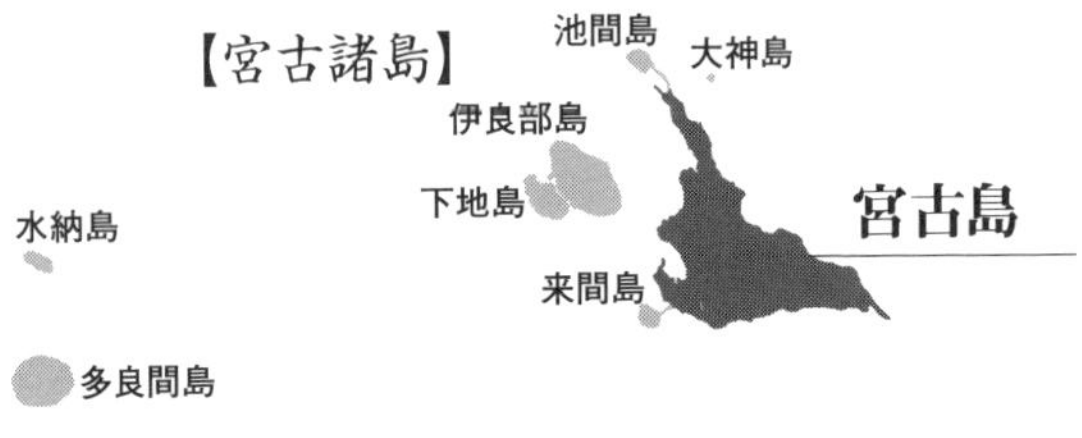

で、僕はモタモタと茎を持ち替え悪戦苦闘。

「持ち替えず手早くね」と、早速正子さんのチェックが入る。刈り取った苧麻を無駄なく糸にするため、効率が大事なのだ。そして僕が剥いだ皮には茎の屑が残り「丁寧にね。次の仕事に差し障るから」と再びチェック。手早く、だけど丁寧に。上布が緻密な作業を積み重ねてできると早くも実感する。

師匠

下地《しもじ》正子さん

2003年に文化庁から認定された、宮古苧麻績み保存会の会長。竹富島のご出身で、沖縄高等看護学校卒業後に宮古に移り住み、今や4人の子どもと14人の孫を持つ宮古のアンマー（お母さん）。認定の数年前に上布に魅せられ、ブーンミを始めたのは還暦を過ぎてから。現在はご自身で畑に苧麻を栽培し、自宅を開放して教室も開催している。

苧麻（ブー）を刈り取る。昔はどの家にもブー畑があり、女性たちは野良仕事の合間にブーンミをしたそうだ。

剥いだ表皮を水に浸してアクを抜き、ミミ貝を内側に当てシューッと滑らすとアラ不思議、外側が剥がれ内側の繊維だけが取り出せる。この繊維を裂くと、極細の糸になるわけだ。自然の道具を使いこなす知恵に、ひたすら感服。そして繊維を陰干しして一段落……と思いきや、作業はまだ壮大な上布作りの序章に過ぎなかった。

「織りの陰で糸は泣いてきたの」と正子さんはさりげなく言った。上布作りは織りがもてはやされる一方で、糸作りの技が話題に上ることは少なかったという。

だが大正末期には年間1万8千反が作られた上布も、2008年には27反まで減少。化学繊維の普及に加え、糸の績み手の減少も一因だとようやく気づき、ブーンミが再評価され始めた。「糸と織りの両方がそろって、初めて上布ができると気づいたわけね」と正子さんは言う。

竹富島出身の正子さんが、宮古上布の魅力を知ったのは1999年。市婦連の会長を務めていて、市役所ロビーで宮古上布展を開催したとき、初めて身近に触れた上布の素晴らしさに感動したという。この上布のために何かしたい。織りはできないけど、でも何かを……そこでブーンミを知った。

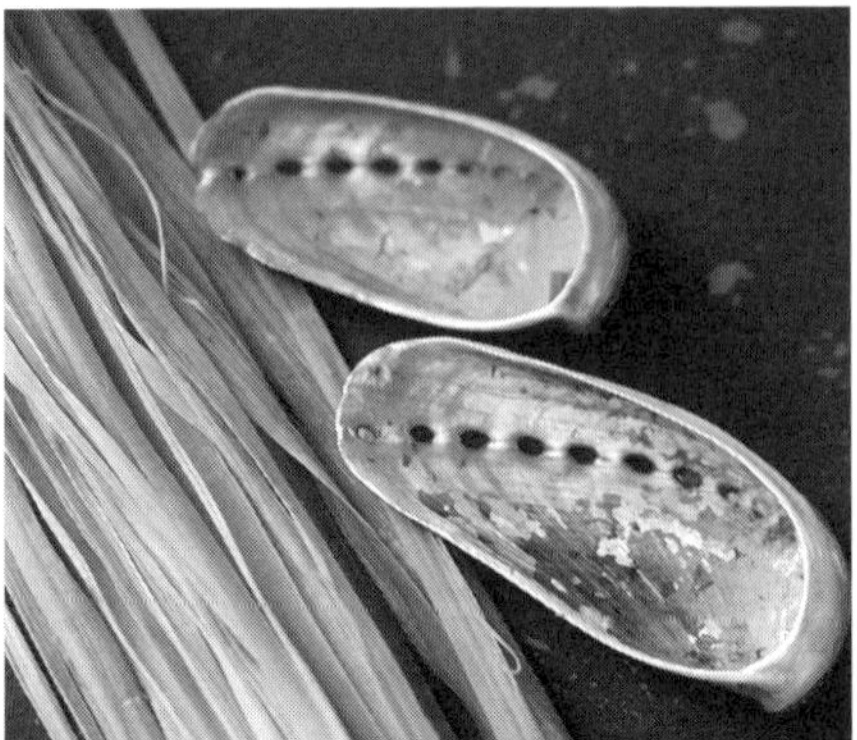

表皮から繊維だけを取り出すのに使うミミ貝

刈り取ったブーの表皮を手ではいでいく。素早く、丁寧に！ 正子さんが細かく指導してくれた。

保存会が認定されたとき、ブーンミ経験者の女性の大半はすでに90歳以上だった。途切れかけた伝承の糸は、かろうじて繋がったのである。

「ブーンミが生きがい、そんなおばあちゃんも多かったのよ」と正子さん。亡くなる寸前に意識がないのに「ブー、ブー」とつぶやきながら、手が動いていた。認知症で徘徊が止まらないおばあちゃんが、ブーンミをするときだけは、じっとおとなしく集中する。——織りの陰で泣きながらも、ブーンミに誇りを捧げたおばあちゃんたち。保存会発足後は17のブーンミ教室が開講し、おばあちゃんたちは講師として招かれ「先生」と呼ばれ、新たな生きがいを感じている人も多いそうだ。

宮古上布の魅力は薄さ、美しさだけじゃないと正子さんは言う。

「材料のブーはすべて宮古のもの。自然の草が島の女性の技で、上布という宝に生まれ変わる。それが素晴らしいの」

島外の何物にも頼らず、完全に島の中だけで作られる上布はまさに、宮古島人の誇りの結晶。ご先祖が生んだこの島の宝を、孫たちに伝えたい——そんな想いが心を奮い立たせるのか「ブーは魔法の草よ。本当に素晴らしいの」と、正子さんは何度も繰り返した。

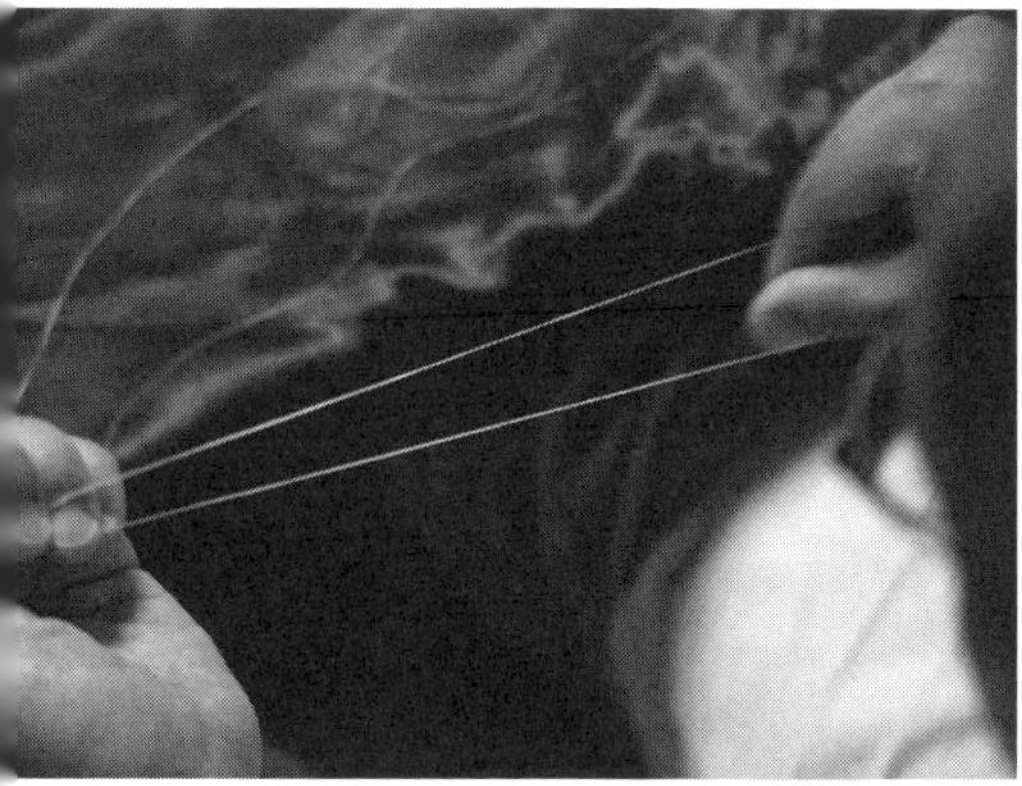

意外にも極細の糸を裂き、ほめられて調子に乗る伝承マン。だが奮闘は空しくも、ここまでだった。

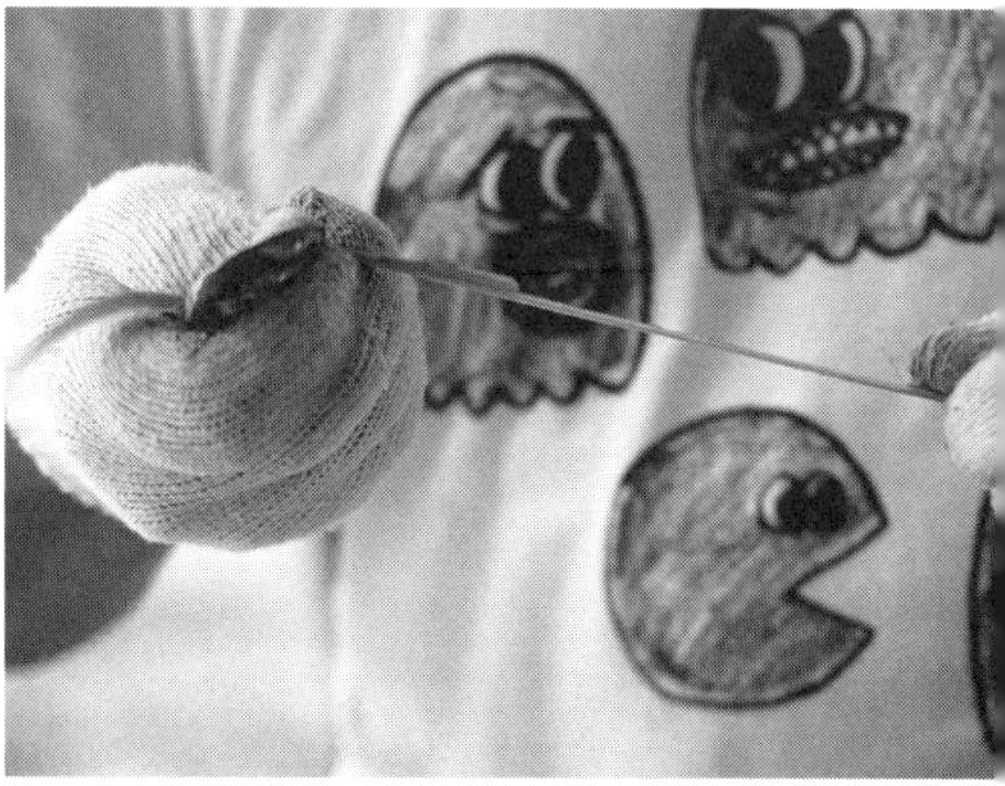

茎のカケラを残さず、丁寧に皮を剥ぎ落とす。この段階の作業がすでに、美しい上布に仕上がるかどうかを左右するので気が抜けない。

ご婦人たちはノンキに笑い魔法の糸が作られていく

夜8時半、正子さん宅で行われる教室にお邪魔すると、ご婦人たちが繊維を糸に裂く作業を始めていた。黒い布に並べられる糸が……細い！　まるで赤ちゃんの産毛のよう。この細さが極限まで薄い上布を生み出すのだ。

細密な作業に皆さん黙々と、ではなく時おりギャハハと笑い、にぎやかに没頭。この日はベテラン・下地ヨシさん指導のもと、僕も修業開始。太さ1ミリにも及ばない繊維に爪を差しこみ、さらに細い糸に裂く。極限を超えた微細な作業、目が点になる。

裂いた2本の糸の端と端を重ね、シュルルとねじると糸が繋がる……はずが繋がらない。そもそも結ばないのになぜ繋がるのかわからない。そして判明する驚愕の事実。一反に必要な糸の長さ——ご、50000m!?

それを聞いた瞬間、僕の中で何かが崩れ、無念のギブ

昔は村の集会所がブンミャーと呼ばれ、女性やお年寄りは夜ごと集まりブーンミをした。織りが珍重される一方で、ブーンミは「糸くずが出て汚れる」と疎んじられたという。

アップ。「普通は1日じゃできないのよ」と正子さんに慰められつつ、ここから先はヨシさんの作業を見学する。

糸を糸車で撚《よ》る。結ばずに繋いだ糸が、ピンと張っても切れないのはなぜ？　微細なケバを昭和7年生まれのヨシさんが、眼鏡もつけず一発で断ち切れるのはなぜ？

ヨシさんは続いて経木《カシギー》という器具を片手でヒョイと回し、糸を巻きつけていく。糸の長さを測るそうだが、仕組みが全くわからない。そして巻き方を間違えれば、最初からやり直し。50000mをやり直し？　そんな！

膨大な作業の末に糸ができ、さらに気の遠くなる織りを施して上布はやっと出来上がる。精密に精密を重ね、自然の草が宮古上布という至宝に生まれ変わる。これは奇跡だ。正子さんの言う通り、ブーは魔法の草なのだ。

ご婦人たちはケラケラ笑いながらブーンミを続けている。目の前の「奇跡の光景」を、僕は呆然と見守ることしかできなかった。

下地ヨシさんからブーンミの手ほどきを受ける筆者。教室ではお茶とお菓子が準備され、おしゃべりに華を咲かせつつブーンミは行われていた。教室は常に笑いに包まれ、伝統工芸にありがちな堅苦しい雰囲気は微塵もない。

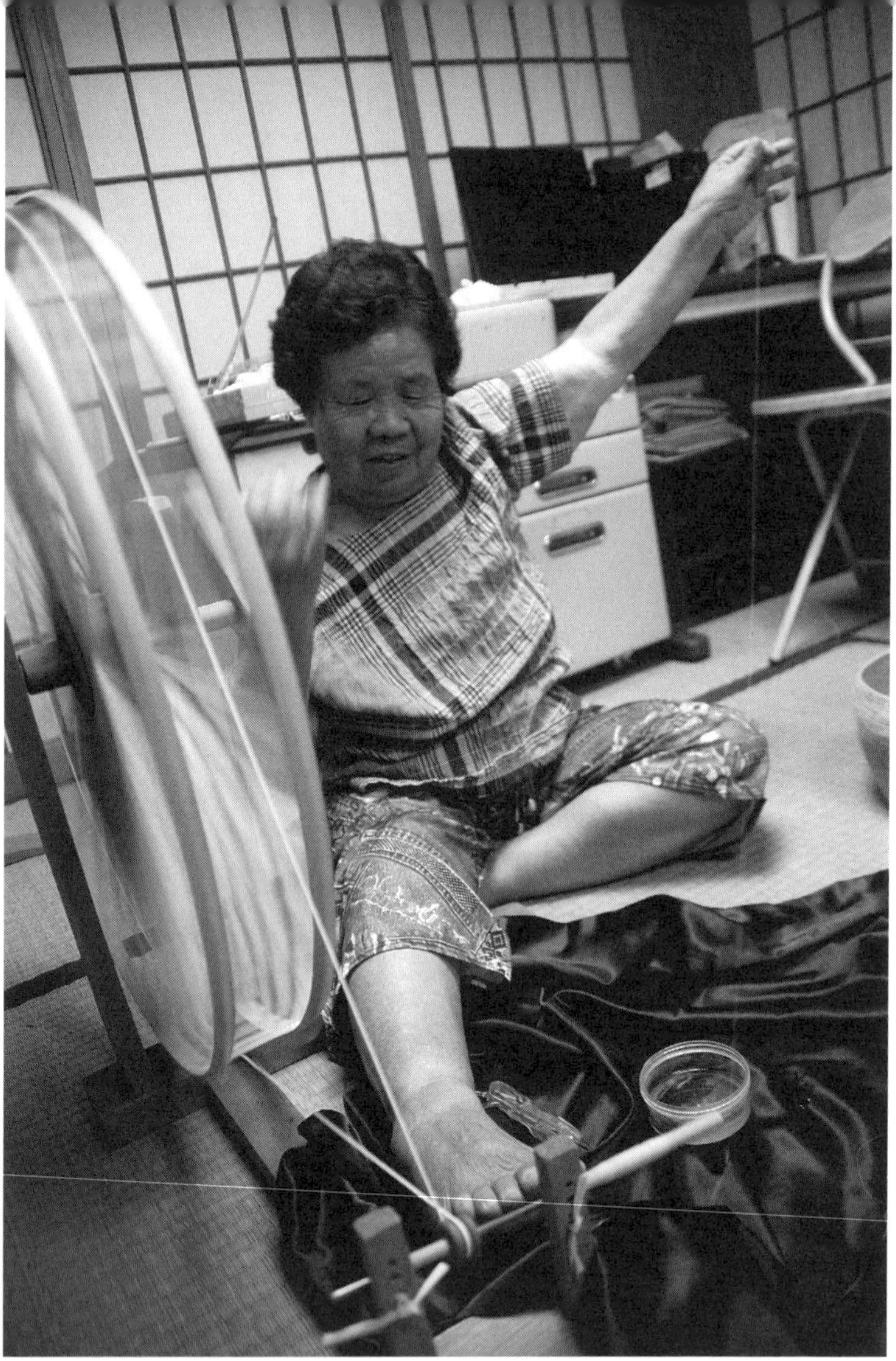

糸車を力強く回す下地ヨシさん。この体勢で時には数時間回し続けるそうで、その体力に敬服。「ブーンミは15、16の頃、楽しみ的に始めましたね」と、難儀な素振りを全く見せないのが凄い。

●取材／2009年7月　●撮影／垂見健吾　●コーラルウェイ2009年9・10月号に掲載

取材こぼれ話

三時茶で、ちょっとひと休み

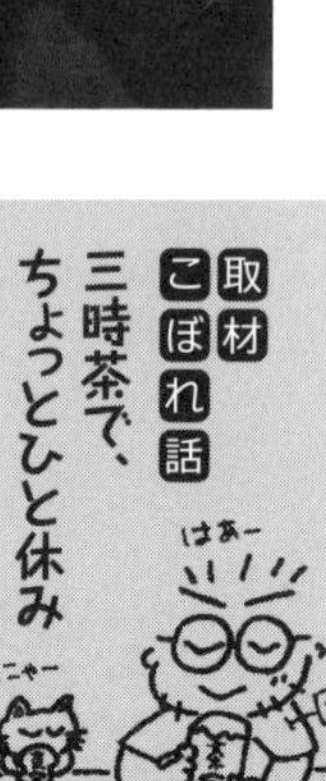

「伝承マン」の取材は、毎回「ここまでは達成しよう」と目標を決め、ほぼやり遂げていますが……このブーンミ入門は数少ない、ギブアップした伝承です。糸を撚って経木（カシギー）にかける時点で、何がなんだかわからなくなりました。伝統技は理屈じゃなく、からだで覚えるものだと痛感しましたね。

取材日に何も考えず、買ったばかりのパックマン柄のTシャツを着ていったら、主役のブーの糸よりも目立ってしまって。上がってきた写真を見て焦ったのを覚えています。あとちょうどマンゴー収穫期で、取材の席でも美味しいマンゴーが山積みで出てきました。穴場のマンゴー農家も教えてもらい、取材後にスタッフ一同一直線！　取材なのに、あまり緊張感がなかったのも沖縄らしいですね。

石巻き落とし漁法

伝承 FILE No.7

池間島は宮古島の北に浮かび、池間大橋でつながる周囲10㎞ほどの小島であり、沖縄きっての漁師の島として知られている。池間島では漁師を海人（ウミンチュ）よりも、インシャと呼ぶほうが一般的。この島のインシャたちが、古くから受け継ぐのが石巻き落とし漁法、別名「深海一本釣り」である。

その名の通り、石にエサを巻きつけて海に投げ、石の重みで海底深くまで沈ませて、高級な深海魚を釣り上げる伝統漁法。初心者でもできると聞き、「今夜のオカズは自分が釣ろう」と、僕は気楽な気持ちで美ら海にこぎ出でた。その奥深さに打ちのめされるとも知らずに——。

石にエサを巻くだけで、初日は暮れてしまった

晴れた日の午後、停泊中の漁船「吉進丸」を訪ねると、師匠・伊良波《いらは》進船長が待っていた。「気楽にやりましょー」と穏やかに笑う。入門はノンビリと、エサを石に巻くことから始まった。手のひらサイズのサンゴにエサを乗せ、糸でグルグルと巻いて縛る。エサは……マグロの切り身！　なんと贅沢な。

「サカナが見ているからね。美味しいものはサカナにあげないとね」エサを切りながらそう言って、進船長が

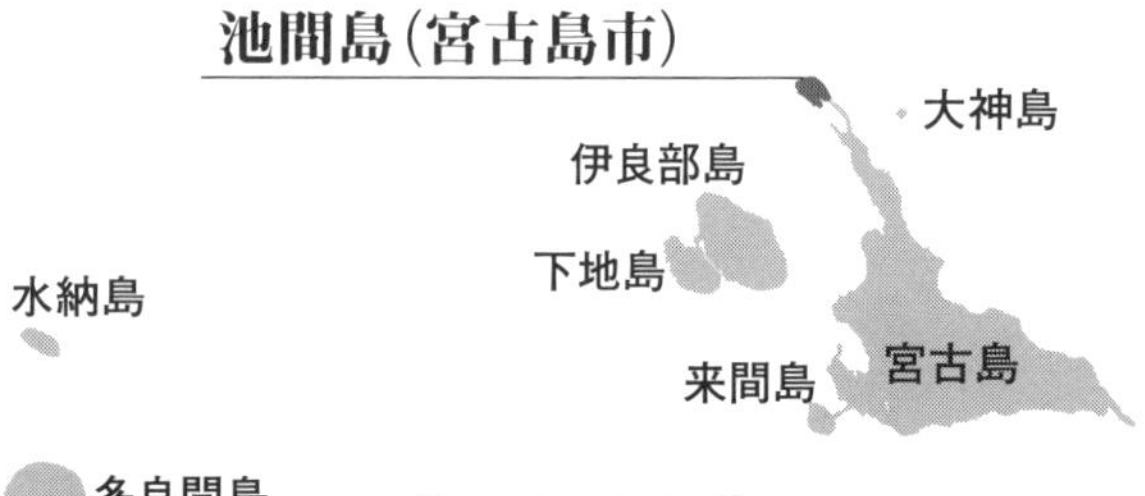

【宮古諸島】

師匠

伊良波《いらは》 進さん（写真左）

昭和6年生まれの77歳（取材当時）にして現役バリバリのインシャ。池間島で最初に石巻き落とし漁法を始めた3人のうちのひとりが、進船長の奥さんのおじいさんだったという。今ではこの漁法の第一人者であり、一度海に出れば40〜50時間は陸に帰らないこともあるとか。ちなみに向かって僕の右側にいるのは、息子の満也さん。

笑う。骨とワタも刻んで一緒に石に巻きつける。これを海に放ると海中に散らばり、そこに小魚が集まり、小魚を狙って大物がやってくるというわけだ。

糸は結ばず、キュッと留めるだけ。クイッと引っ張れば糸は外れ、海底で石は転がり落ち、引っ張り上げるときの重みを軽くする。細部に至るまで理に叶った漁法である。

さっそく僕もエサ巻きに挑戦。見た目は簡単そうだが、最初は緩くてほどけてしまい、次はキツくて糸がマグロを切ってしまう。絶妙の「ほどほど具合」が必要なのだ。……と、エサ巻きでモタつく間に日が傾いてきた。晴れているし、海に出ませんか船長？　だが、

「今日はダメ。海が荒れてるよ」

と進船長。晴れていて風も穏やかだが「テン（天）が2つに割れているから、シケ

る」と言う。船長には遥か遠い外海の状況と、数時間後の天気が見えているのだ。

「インシャなら誰でもわかるよ」

進船長は穏やかに、そう言った。レーダーも感知しない天気の変化を読む、それが熟練のインシャなのだ。海を知り尽くした眼力に従い、この日の出航はお預けとなった。

魚の群れに遭遇！……力を込めて、石を海に投げる！

「天気の神様に電話したら、今日は大丈夫だそうです。海に出ようねー」

2日後に空は晴れ渡り、息子の満也さんも乗り込んで、吉進丸は出航した。そして周囲360度を、息を呑むような美《ちゅ》ら海に囲まれて、最初のポイントに到着。エンジンが止まり、途端に静寂が訪れた。進船長が泡盛を取り出し、海にドボボと注ぎ手を合わせる。

「神様に大漁をお願いしました。今日はたくさん釣れるでしょう。三重丸だ！」と進船長ニッコリ。ついに漁は始まった。まず船長がエサを巻いた石を海にポーンと放る。

「石が転がっているよ。……ああっ、小さいのがいるねー。半分食べちゃったねー」

苦笑いして糸を手繰り、エサを引き揚げると……本当に半分食いちぎら

サンゴは意外に重く扱いにくい。糸を巻く力加減にも、熟練の勘が必要となる。

山のない池間島で「石」といえばサンゴの死骸を指す。最初は軽いが、砂浜で海水に10〜20年もまれると重くなり、海底に届かせるのに適した石になる。「サンゴは死んでも役に立つ。昔からずーっとそうしてきたよ」(進船長)

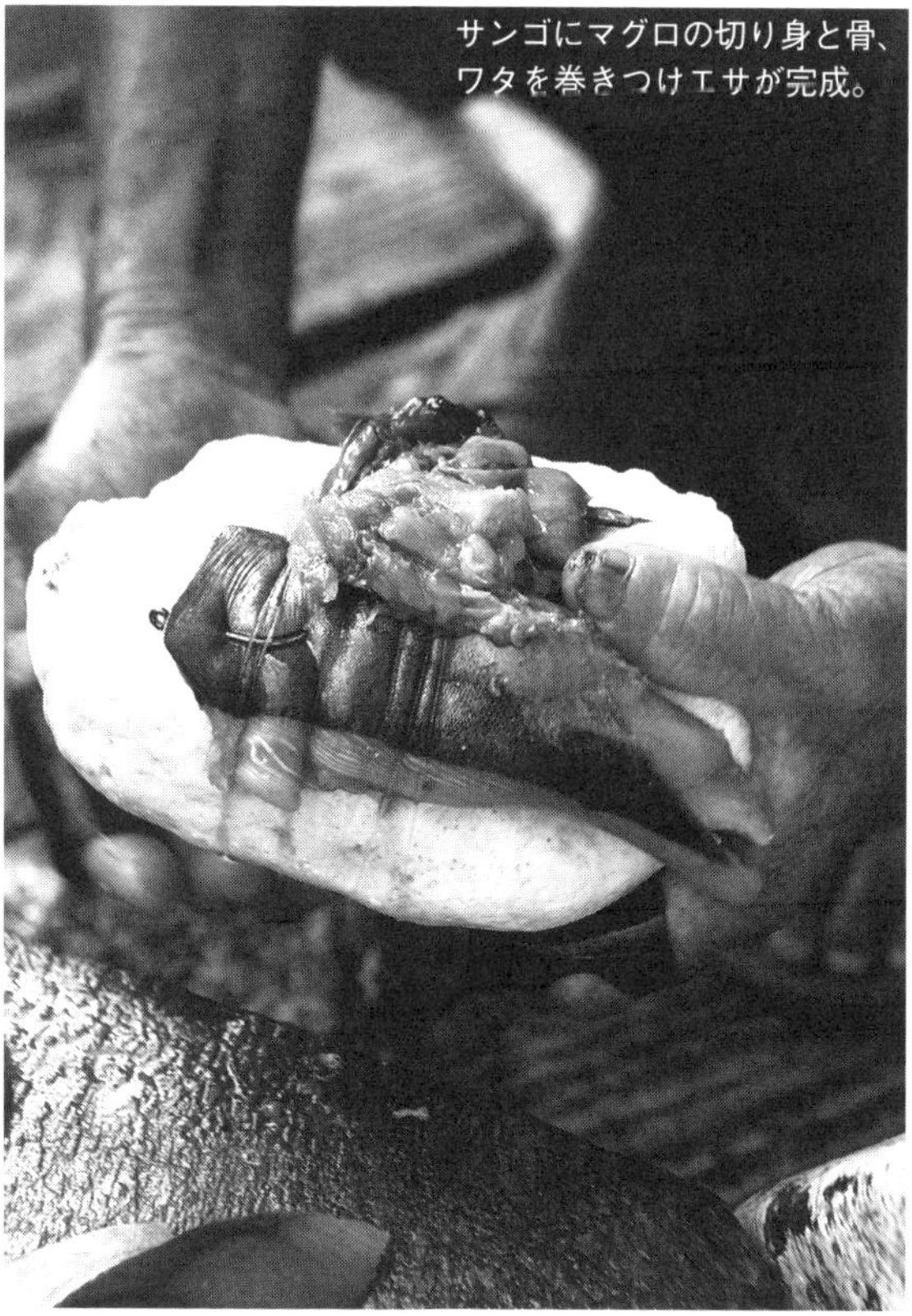

サンゴにマグロの切り身と骨、ワタを巻きつけエサが完成。

れている。エサを海中に下ろす深さは150mの間で何が起こっているのか、船長には見えているのだ。

隣で石を下ろしていた満也さんが突然立ち上がり、糸を大きく引っ張る。「エサが止まっていると魚は食いつかないから、常に動かすんだ」と満也さん。その横で船長が「サカナを騙すの。知恵比べ」と笑う。魚も必死に生きているから、無防備に食いついたりはしないのである。

船長が大物をヒット!
一度の漁で200～300キロ釣ることもあるそうだ。

ポイントを何度も変えて、ついに船長と満也さんがヒット！　手繰り寄せた糸の先には……ピチピチと跳ねるオオグチイシチビキ、そしてウメイロモドキ！　小さな魚だが「大きなお友達がいるよー」と船長が叫ぶ。

「たくさんいます。今なら釣れるよー！」

号令がかかり、ついに僕も石を海に放り投げた。そして糸をクイッと引っ張るが……石が外れない。キツく巻きすぎたのだ。このビッグチャンスでまさかの大失敗！　１５０ｍ下ろした糸を、仕方なくいったん手繰り寄せ……あれっ？　何かかかった？　それにしちゃ、えらく手ごたえが軽いが……。

「フグに食べられちゃったねー」

糸に触っただけで船長が言う。その言葉通り、糸を引き揚げると、エサが針ごと食いちぎられていた。あきらめずにもう1回石を投げるが、チャンスは一瞬。グズグズしている間に魚の群れは去

海の真ん中で石を放る筆者。「投げっぷりがいい」と褒められたが、結局1匹も釣れず。海も魚もそれほど甘くはない。

ってしまっていた。

その後は魚の群れに出会えず、僕は１匹も釣ることができなかった。島のインシャは、時には40〜50時間ぶっ通しで漁を続けるという。素人の僕が2〜3時間で釣れるほど、甘いものではなかったのだ。とはいうものの「初心者でも釣れる」と聞いていただけに、自分のドン臭さに落ち込んでしまう。だが、

「小さなことにクヨクヨしない。今日の不漁は明日の大漁、僕らはそう思ってインシャを続けてきたよ」

進船長はそう言って、優しく笑った。

大型船が巻き網で、数百トンもの魚を一網打尽にかっさらう——池間の近海でもそんな漁をする船が、徐々に増えているという。

確かに石巻き落としは、効率がいい漁法ではない。だがこの漁法には、海を知り尽くした先人が

「サカナはシオカミに向かって泳ぎ、1日2回の上げ潮、下げ潮で海を往復する。そこを狙うんだ」と進船長。その専門知識を求め、識者が教えを乞いに来ることもあるそうだ。

伝える知恵がある。GPSなどない時代から培《つちか》ってきた、魚に勝つための知恵。機械で魚を根こそぎ捕える力ずくの漁ではなく、石巻き落としは「考える漁法」なのだ。「今の漁師はラクだね。ラクだけど……怠け者になったね」船長が、ふとそんな一言を漏らした。絵にも描けないほど美しい、池間の海。ここには大型漁船よりも、小船が静かに糸を下ろす光景が似合っている。

「今度は4、5日時間があるときにいらっしゃい。ゆっくり魚を捕りましょう」

船長のそんな言葉に送られて、僕は池間島をあとにした。

●取材／2008年10月　●撮影／福田真己
●コーラルウェイ2009年1・2月号に掲載

取材こぼれ話
三時茶で、ちょっとひと休み

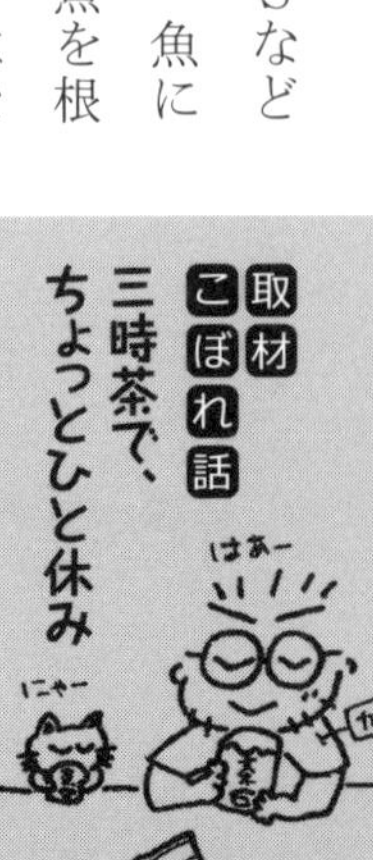

漁師は寡黙でぶっきらぼう、いったん海に出れば荒くれ者……実は取材前に、そんなイメージを抱いていましたが、進船長は全く違いました。とにかく物腰柔らかく、おしゃべりが大好き。島ではインシャのほかに、子どもに方言を教える活動もしているそうです。釣り上げた魚に「氷の中で泳いでいなさい」と丁寧語で話しかけているのが印象的でした。

雨で出航できなかった日に、船長のお宅に伺い食事をご馳走になりました。オカズはグルクンのから揚げ。頭からバリバリ食べる僕を見た船長が「もしアナタが魚を残したら、取材はナシにしようと思っていた」と告げたのにはビックリ。食いしん坊も時にはいいことがあるものです。魚は釣れなかったけど、いろいろな点でいい取材ができましたね。

伝統民具作り

伝承
FILE No.8

その昔、沖縄の各地では、野山や海岸に豊富に茂る草や木の葉を使い、生活に必要なあらゆる道具を作っていた。

時代が流れ、いつしか生活道具は「作られたものを店で買う」のが当たり前になってしまったが、今も草や木で道具を作り続ける名人が、西表島にいる。

島の98％がジャングルに覆われる、緑豊かな原始の島・西表。そこには植物と共に暮らし、生活に上手に取り入れる知恵が、脈々と受け継がれていたのである。

子どもたちと一緒にハブ作り……のはずがツチノコ完成

日曜の午後、祖納公民館を訪ねると、子どもたちが集まっていた。小学生16人に、中学生が4人。そして「これ何の草かわかる?」と師匠・星公望《ほしきみもち》さんが草を片手に登場。

「ヒント：マで始まりニで終わるよ」

——正解は「マーニー」（そのままだ／ヤシ科の黒ツグの別称）。というわけで20人の子どもの輪に僕も加わり、早速マーニーでオモチャ作り。2枚の長い葉を短冊に編み、ヘビが完成。意外に簡単……と思ったら次の「馬」作りで早くも失速。やはり2枚の葉を折って編んでまた折って……馬のつもりが再びヘビになってしまう。

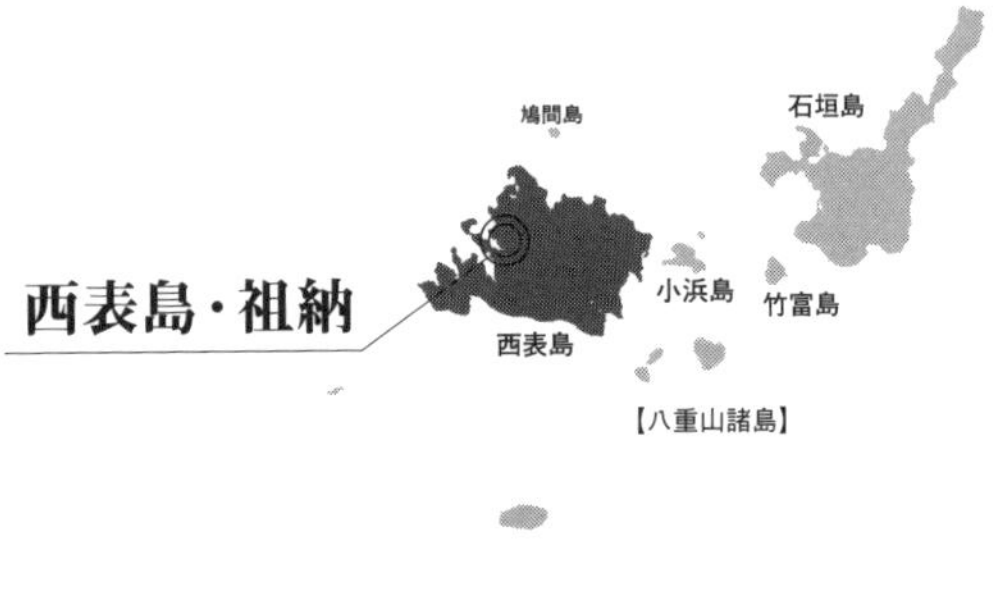

「折りすぎだねー」と星さんが苦笑。手先の不器用さを早くも見抜かれた？　続いて指ハブ。マーニーが４本に増え、筒状に組みながら４本を格子に編むはずが……編めない！　何度やっても途中でバラバラになってしまう。「のーじ、わかんない」「のーじ、これどうするの？」と子どもたちも苦戦。簡単に作れないオモチャほど、完成すれば子どもたちも大切に遊ぶはず……できた！　だがハブと呼ぶには、何だか太くて短い。

師匠

星《ほし》　公望《きみもち》さん（写真左）

西表島の西部、５００年以上の歴史を誇る祖納《そない》集落在住。祖納公民館の館長も務め、植物を使った生活道具やオモチャ作りを、地域の子どもたちに25年以上に渡り教え続けている。お名前の「星」さんにちなみ「星の王子さま」を縮めて、子どもたちから「のーじ」と呼ばれ、親しまれる存在だ。

こんな風に子どもたちを集めては、オモチャ作りが頻繁に伝授されているそうだ。今どきの子どもといえばゲームに漫画と思いきや、素直に集まるものだと感心してしまう。

「これはツチノコだねー」と星さん、僕の作品を見て再び苦笑い。そしてここまで実は練習。翌日に星さん指導のもと、ツルベとヒシャクを作る予定だが、どうなることやら。

軽い不安に襲われる僕の横で、オモチャ作りを終えた子供たちは、地面に土俵を描き相撲スタート。こんな日曜日の風景も、久しぶりに見るな——翌日の修業のことも忘れ、僕はそんなことを感じていた。

折って曲げて、一枚の木の葉が生活道具に生まれ変わる

翌朝、まずは公民館の裏山で、材料の葉っぱを取る。僕の背より高く茂る葉をかき分け、カマを片手に星さんのあとを付いていく。

「これがクバです」星さんはそう言って、大きな葉が付いた茎を1本切り取った。そしてカマで茎をサーッと、縦半分に裂く。

「コレでカゴを作るわけです」

ほかにクバの葉は、そのまま差せば雨傘になり、芯を取って編めばハエ叩きにもなる。一種類の草から作れる道具の種類は「キリがない」そうで、発想力に感服してしまう。

「道具が必要で、でも売っていなければ作るしかない。そこから知恵が生まれるんです」

……なるほど。僕らはすぐ「買う」ことばかり考えるが、それでは生きるための知恵は身につかないわけだ。

クバの葉を10本ほど取り、公民館に持って帰り水に漬ける。これをいったん乾燥して初めて使えるのだが「今日は別のを用意しておきました」とすでに乾燥したクバの葉が準備されていて(料理番組方式)、ついに本番の

山でクバの葉を取る星さん。「この辺りから向こうは、日本軍に取られました。人工的な伐採や植樹が多くて、元の植生には戻っていません。けっして〈太古のジャングル〉ではないですよ」笑顔をひそめて星さんが言う。人間が愚かであるほど、自然を自然のまま保てない、ということだろうか。

小さなクバの葉でヒシャクを作る。クバの葉は乾燥させれば保存がきき、水で戻せばいつでも使える。昆布のようだ。

ツルベとヒシャク作りは始まった。

まずは小さいクバの葉でヒシャク作り。葉を左右に思い切り広げ、中央をお椀のように窪ませたら、葉の端っこを束ねて茎をグワンと折り曲げる（茎がヒシャクの柄になる）。残った葉をグルグルと巻き、固定すれば出来上がり。

……なのだが、僕が作ったヒシャクはお椀部分がデコボコして、あまり水はすくえなさそうだ。一応「うーん、まあいいでしょう」とギリギリ合格点をもらい、続いてツルベ作り。葉っぱが大きい以外、作り方はヒシャクと一緒だが、葉が大きければ茎も太い！竹筒ほどの太さがあり、曲げられない！

しかし昔はこれができないと、水が汲めなかったのだ。全体重をかけ太い茎をググイと曲げて、残った葉をグルグル巻いてなんとか基本形完成。そして井戸に吊り下げるための縄も、当然作る。稲ワラを編んでよって３ｍほどの長さの縄にして、これを括りつけツルベはようやく完成した。

そして水が汲めなきゃツルベじゃない。というわけで向かったのはその昔、遭難したオランダ人を村人が助けたら、お礼に掘ってくれた井戸・大平井戸（ウーヒラカー）。ツルベを井戸に下ろし、水をたっぷり入れて、縄を慎重に手繰り寄せる……汲めた！　ズシリと重いのに縄は切れず、水は一滴もこぼれない。これが植物の力、そして先人の知恵なのだ。

「稲刈りの時期はね、余ったワラで、家族総出でホウキを作ったものです」

と星さん。道ばたに生えるアダンの葉を摘み、風車を作りながら、山に薪を取りに行った。弁当箱を入れるカゴも草で編み、これに入れておくと保存が効いた……何気ない話の向こうに、昔の島の風景が見えてくる。手作りの道具は、当時の生活と家族の思い出も一緒に伝えていくのだろう。

だが時代が変わり「店」ができると、人々は道具を作らなくなった。島のお年寄りに作り方の教えを乞うても「今さら何で必要か？」と断られ、やがて道具の作り方自体が忘れ去られていったという。

「今はどこでもコンビニがあって、ものがすぐ買えます。便利です。でも……」便利さと引き換えに何かを失うと感じた星さんは、捨てられた手作りのカゴやザルを拾い集め、その編み方を修得し伝承しているのである。

星さんの真横にピッタリ寄り添って、神妙な顔つきでツルベ作りの工程を習う。葉を広げ茎を折り込み、残りの葉を束ねて……ツルベ完成まであと一息!

気になる後継者はまだいない。だが、「今まで教えた子どもの誰かが継いでくれるでしょう」と星さんは笑う。ここで子どもたちが数人登場。ツルベを持つ僕たちを見て、ひとりが「のーじ、今日は（オモチャを）作らないの?」と、なんとなく言った。

●取材／2007年1月　●撮影／福田真己
●コーラルウェイ2007年3・4月号に掲載

完成させたばかりのツルベが実際に使えるかどうか、大平井戸で水汲み実践!　クバのツルベは軽いので、穴の空いたサンゴを縛りつけ、その重みで水中に沈めて水を汲む。ここにも昔の島人の知恵が。

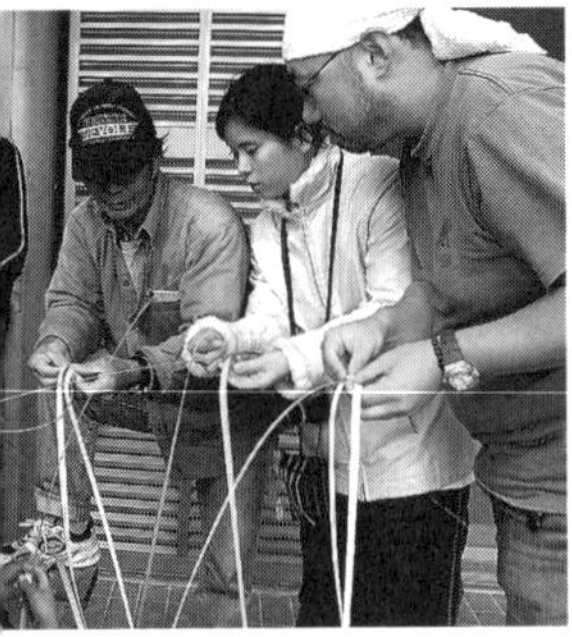

取材こぼれ話

三時茶で、ちょっとひと休み

海に囲まれ森が茂り、豊かな自然に恵まれる沖縄。「伝承マン」の連載では、そんな自然の恵みを生活に利用する、さまざまな技を習いました。ただ、そのためには手先の器用さが必要なわけで……小学校6年間を通じて図工がずっと「3」だった僕は、この「手先の工芸」方面の伝承は苦労しましたね。からだが大きいと作品も大きく大雑把になるようで、何を作っても師匠から「大きいねー」と苦笑されたのを覚えています。

ちなみに、この伝承で作ったヒシャクとツルべは東京に持って帰り、今も洗面所の物入れに保管してあります。先日5年ぶりに取り出してみたら、まだ使えてビックリ。自然の草花の強さを、改めて思い知りました。

サトウキビ刈り

伝承
FILE No.9

ざわざわわとサトウキビ（以下「キビ」と書く）が風に揺れる……それは沖縄に行けば一度は目にする、穏やかな光景。だがキビは刈り取って、黒糖にしてこそ育てる意味がある。そしてより上質な黒糖を作るためには、広大な畑から１本ずつ、手作業でキビを刈り取らなければいけない。

機械での刈り取りが主流になりつつある中で、小浜島では今も、手作業でキビを刈り取っている。風に揺れる風景の癒し感とは裏腹に、キビ刈りは大変な重労働。しかもキビ畑にはハブがいると知り腰が引けたが……。とにかく作業は人手が必要だとも聞き、冬の風が吹きすさぶ小浜島に僕は下り立った。

台風に耐えて曲がりくねったキビの力強さに悪戦苦闘

「キッツイよー」キビ畑に着くと師匠・大久研一さんは、そう言いながらも笑顔で迎えてくれた。そして畑ではすでに、黙々と作業する人の姿が。倒した（刈った）キビがいくつもの山に積まれ、余計な葉を落とす作業「さらし」の真最中だ。

大久さん「下の名前は？」僕「道弘（本名）です」。「じゃあミチヒロはこの山頼むね」おっ、気さくな師匠。こちらも馴れ馴れしく「ケンさん」と呼ばせてもらう（というか「そう呼べ」と言われた）。

と和んでいる場合じゃない。島の製糖工場が稼動している期間内に、全てのキビを刈り終えなければいけないのだ。稼動日数から1日に刈り取る面積を逆算して、日割りの「ノルマ」をきっちり刈り取る。まさに時間との闘いだ。まず「さらし」から作業開始！

師匠

大久《だい》《く》 研一さん（写真右）

20歳から小浜島のキビ刈りに携わり続け20年以上、現在は農園「小浜島ファーム」の代表取締役を務めている。島の農家の高齢化が進む中で、キビ刈りに活力を注ぐ若きホープであり、キビ以外の各種野菜作りほか島の農業活性化に日々奮闘している。

二股に分かれたカマをキビの側面にあてがい、シューッと滑らせ余計な葉を落とす。先端の余計な葉は、一刀両断に切り落とす。けっして難しい作業ではない。だが……。

どうしてこんなに曲がっているのか？ 長さ4ｍほどのキビが、途中3～4箇所であらぬ方向に曲がっていて、どう持っても安定が悪い。バランスを崩すと支えきれず、重みで手がしびれて、作業が思うように進まない。

台風が来るとキビは倒れるが、倒れた箇所は倒れたまま、その先は再び太陽に向かって伸び続ける。また台風が来て倒れて、太陽に向かって伸びる……そうしてキビは成長していく。曲がりくねった姿は、台風に負けず成長し

キビの葉を落とすためのカマ

グワンと大きく曲がるキビ。このカーブは台風が作り出したのだ。

キビをさらす時に、絶対にやってはいけない持ち方を習う（カマを動かす方向にキビを持つ手があると、手を切ってしまうのだ！）。

続けた生命力の証なのだ。

だがそうして立ち直っても、ネズミやコウモリにかじられると成長は止まってしまう。「人生と同じだよ」――ケンさんはそう言って笑った。

そして沖縄全県では機械刈りが主流になりつつあるが、機械で刈れば余計な葉が混ざり黒糖の品質が落ちる。だから小浜島では全て手刈り。1本ずつ慎重に葉を落とす。

……慎重になりすぎた。気がつけば僕の山だけ、大量のキビが残っている。

「(さらしは)3時までに終

わらせるよー」とケンさんの号令が響き、結局ほかの皆さんにも手伝ってもらい（面目ない）、3時にギリギリ終了。畑1つ分の刈り取りが終わったが、工場稼動期間内に刈るケンさんの畑は全部で26！　お茶休憩を挟んで2つめの畑の作業に突入する。

ここでいよいよキビ刈り作業「倒し」に挑戦だ。畑の中にワサワサと入り、キビの根元を探し当てたら手斧で一気に切り落とす。だが台風で何度も倒れたキビの茎は地面をウネウネと這い、その上を別のキビが何

トラックいっぱいに積まれたキビは、そのまま製糖工場に運ばれていく。

重にも複雑に絡み合い、根元に全くたどり着けない。だが業を煮やして根元の少し上で切ってしまうと、ケンさんの声が響いた。

「根元で切ってくれよー。俺たちの儲けは二節（ふたふし）分だからなー」

笑いながらも切実な一言。トラクター代に肥料代に人件費に……とにかく経費がかかるから、苦労してキビを刈っても儲けはたった二節分。無駄な切り方はできないのだ。

そしてまたも、僕の作業だけ遅れている。急がなければ！　畑の奥までズンズンと進み、刈ること1時間。続く1時間で刈った分の葉を再びさらすと、もう5時半。結局2つめの畑を半分刈ったところで、この日の作業はおしまいとなった。

実はお邪魔したこの日から、小浜島のこのシーズンのキビ刈りはスタートした。ピーク時には20人の助っ人が来るそうだが、それでも人手は足りないという。

キビが風にそよぐ風景を伝えていくために

小浜島で生まれたケンさんだが、少年時代は横浜で過ごし、その後も島に戻るつもりはなかったという。だが、「20歳ごろから島でキビ刈りを手伝うようになりました。僕を見るとみんな〈ケンちゃん元気か〉と声をかけてくれて。そんな感じは横浜にはなくてね」その後、縁あって島の製糖工場で働き、自分の農場を構え……気がつくと島のキビ刈りに深く関わっていた。

やり甲斐がある一方で、島のキビ農家の高齢化は悩ましい問題だ。手作業だけのキビ刈りを、お年寄りが続けていくのはキツい。体力の限界で引退するお年寄りも多いという。最近では県外から助っ人を募っているが、人手はまだまだ足りない。

「この島を守っているのはキビだから。キビがなければ小浜じゃない」とケンさん。黒糖生産が島の経済を支え、そしてサトウキビが風に揺れる風景が島に客を呼ぶ。その風景を守っていかなければいけないのだ。

「若い奴らも島に戻って、キビ作りを継いでほしい」……熱く語るケンさんのTシャツをふと見ると「キビ刈りはキビシーサー」の一言が、どこか誇らしげに躍っていた。

翌日は奥さん・まり子さん指導のもと、小浜島ファームで黒糖作り。

キビを圧搾機でメキメキと潰し、搾った汁を鍋で焦げる寸前まで煮詰め、平皿にとり割り箸で混ぜると……手作り黒糖が完成！　さっそく試食してみると、サクサクと香ばしく、自然な甘さが口いっぱいに広がった。こんなに優しい味わいの黒糖は初めてだ。

　この日は冷たい雨。だがファーム近くの畑では、お爺ちゃんがキビをさらしている。

「今年のキビ？　最高だよ」

　雨の冷たさも忘れさせる笑顔。キビ刈りが冬の小浜を元気にする――そう感じずにいられなかった。

近くの畑で、雨にも負けずキビを刈るお爺ちゃん。お年を聞くと「今年で86歳だよ」と言われビックリ！

●取材／2008年1月　●撮影／福田真己
●コーラルウェイ2008年3・4月号に掲載

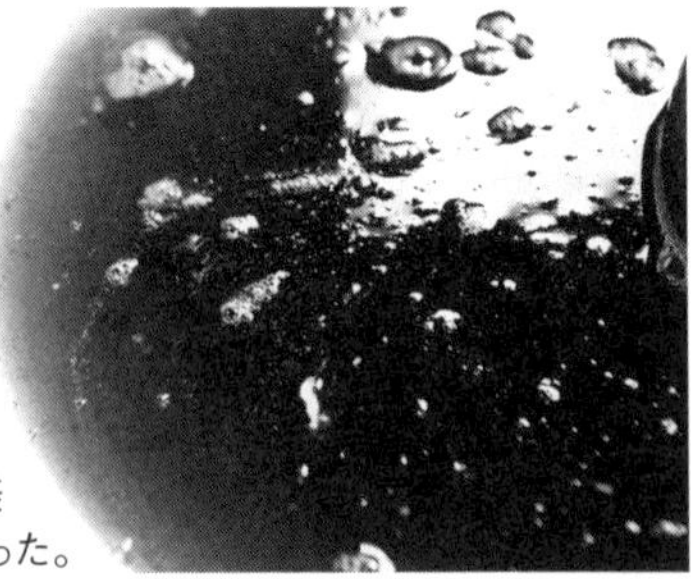

搾りたてのキビ汁を煮詰めると、透き通るような美しいシロップになった。

取材こぼれ話

三時茶で、ちょっとひと休み

　実は取材開始早々に、助っ人のひとりが誤って手をザックリ切ってしまい、一同騒然！　大事には至らなかったのですが、一瞬の油断が大事故に繋がると胆に銘じました。
　雑誌掲載時は毎回、各師匠が僕の入門ぶり4項目について、5点満点で評価するコーナーがありました。でも沖縄は点数をつける行為自体を好まない人が多く、大久さんもそんな感じで「点数？　全部満点でいいよ！」ということで、オール5をいただいたのですが……。なんと読者から「キビ刈りはそんな甘いものじゃない。たった1日の体験でオール5なんてありえない」とクレームが届きビックリ。オール5は沖縄の人の、おおらかさの裏返しと受け取ってほしかったですね。

ワラビ細工

伝承
FILE No.10

いつのころからか発祥は定かでないが、沖縄本島北部では昔から、山に自生するワラビのツルを編んでカゴを作っていたという。だが今では作り手も少なくなり、ワラビのカゴはすっかり貴重品となった。

そんな中、本島北部の今帰仁村で、90歳を過ぎたおばあちゃんと息子さんがカゴを作っていると聞いた。おふたりを訪ねて、那覇からはるばる北上し、今帰仁村へ。沖縄にしては寒い風吹く、冬のある日のことだった。

接着剤など使わない……ひたすらツルを編むだけ

今帰仁村は、沖縄を代表するグスク（城跡）である今帰仁城跡で知られている。那覇から車で2時間半、そこには沖縄の原風景を思わせる、素朴な集落が広がっていた。

フクギ並木が茂る今泊《いまどまり》は、今帰仁村の中でも特に歴史の深い集落だ。その一角にたたずむ、赤瓦屋根の古い一軒家。広い縁側に師匠・国吉春子さんと息子の宏さんは並んで座り、黙々とカゴを編んでいた。事前に伝えておいたにも関わらず、おふたりは僕の来訪に、最初はキョトンとした表情。でもオズオズと隣に座らせていただくと「やってみる?」とカゴの土台を宏さんに渡され、入門はなんとなく、そして静かに始まった。

ワラビといっても、東京でお浸しにして食べる山菜のワラビとは違い、本州ではコシダと呼ばれる植物のツ

師匠

国吉春子さん（写真中央）・宏さん（写真左）

春子さんは今帰仁村の今泊集落出身。28歳のとき、いとこのお兄さんに習ったのがきっかけでワラビ細工を始めたそうで、キャリア60年超のまさに大ベテラン！　息子の宏さんは、元々は船乗りだったが、陸に上がってから春子さんと一緒にワラビ細工を行うようになったという。カゴは今では東京など大都市のショップでも販売され人気を呼んでいる。

春子さん所蔵のワラビ細工のほんの一部。一度作ったら数十年もつので、親から子に受け継がれて使われていく。ワラビのツルの光沢は、自然のもの。編んだカゴは使いこむほどに味わいを増す。

材料となるワラビのツル。ワラビは1年草で春に芽を出し、7月ごろから秋にかけ、ほどよく育ったものを採る。今でも春子さん自ら、ワラビ採りのため山に入るそうだ。「危なくないかって？　ぜんぜん。ハチとアブがいるくらいね」

僕の怪しい手つきを、苦笑いしつつ眺める宏さん。カゴの運命やいかに。

ルを使う。ツルの太さは鉛筆ほどあり、表面は茶色くスベスベしていて光沢がある。このツルを円盤状に編んだ土台から、カゴの側面の芯となるツルが、縦に放射状に何本も延びている。ここに新たなツルを横組みに編みこめば、カゴの側面になるのだ。

というわけで、新たなツルを横に1本ずつ互い違いに編みこんでいく。芯のツルを手前に引っ張り、その奥に新たなツルを通してそれをまた手前に引っ張り……モタモタ、モタモタ。

「両手は使わんでいいの。片手でこう、中指でツルを押し込んで、薬指で引っ張り出して」

僕のモタモタぶりに、宏さんが見かねて助け舟。編みこんだツルをすき間なくキュキュッと締め、継ぎ目を内側に押し込んで次のツルをまた編みこんで……そうやってツルを何本も編みこむと、次第にカゴの形になっていく。作業に慣れ、そんなに難しくないな、なんて思った

縦に伸びた芯に垂直に、ツルを1本また1本と編みこんでいく。太い指の伝承マンは、繊細な作業にさっそく苦戦！

矢先。

ポキン。編みこんだツルが折れた。「集中しないと折れるよ」と宏さんが苦笑い。その横で「編み方で性格がわかるねー」と春子さん。では僕の性格は？　と聞いてもおふたりは答えず笑うだけ。再び3人そろって、黙々と編み続ける。

3分の2ほど編みあがったら、芯のツルを束ねて形を整えて引き続き編み、最後に余った芯のツルを内側に織り込みカゴのフチを作る。

「ここでツルを折ると台無しよー」と春子さんが言う、そのそばから……ポキリ。どうも僕は雑念があるようだが、それでも別のツルを1本継ぎ足してなんとか形が整い、カゴは完成した。

「きれいにできたね。ジョートー」と春子さん。宏さんも「ジョートーじゃないの?」と一応の合格点。そしてカゴは手に持つと、ツルの手触りが滑らかで気持ちよく、手のひらになじむ。

人工の素材では作れない、ツルのしなりが生み出す自然な丸み、艶やかな色合い。そして接着剤など使わず編みこんだだけのカゴが、何十年ももつというから驚きだ。自然の植物が持つ生命力の強さに、感服せずにいられなかった。

ワラビが生える山が、次々に消えていく……

「昔は（庭の一角を指差し）そこに座って1日編みましたよ」

縁側に座り、春子さんが懐かしそうに言った。ワラビ細工は女性の手仕事というわけではなく、家族総出で庭に集まり、一緒に編んだという。春子さん宅の古いたたずまいも相まって、家族が集まりカゴを編む風景が浮かんで見えるようだ。カゴは冷蔵庫のない時代は食材をつるして保存したり、弁当箱の代わりにしたり、生活のさまざまな場面で利用されたそうだ。

そしてシャンと背筋を伸ばし、軽やかな手つきでお茶をいれてくれる春子さんは、90歳過ぎとは思えない元気ぶり。

「元気なのはコレ（ワラビ細工）やっているからかな」と宏さんが隣で笑う。だが後継者の話になると、おふたりは少し目を伏せた。

「継ごうにも、ワラビが生える山がないから」と宏さん。

「何十年（ワラビを）採ってきた山が、今じゃみんなゴルフ場にホテル」と春子さん。

この技を受け継ぎたいと、入門を希望する人もいるそうだが、今は受けていないという。山が切り崩され、材料となるワラビが採れなくなってきたから。以前は子どもに教えていたが、今はそれもしていないそうだ。

沖縄の人々は、豊かな自然の恵みに知恵を加え道具を作り、生活に取り入れてきた。だが受け継ぐべき知恵と自然への感謝の気持ちが、開発の名の下に消えていくとしたら切ない。山がなくなり草が枯れてから、沖縄

春子さん宅は昔ながらの一軒家。
縁側に並んでカゴを編みながら、
何やら「おばあちゃんと孫」の雰囲
気に。

というわけで、ワラビのカゴをなんとか編み上げた。少し形がゆがんでいるのは、僕の性格の表れか？　でもガッシリと丈夫で、手に持つと温もりを感じ、上々の出来栄えとなった。

が持つ本来の豊かさを失ったことに気づいても、遅いのではないだろうか。

「オキナワの人は（ワラビ細工に）関心がないかもねー」と、春子さんが寂しげに笑う。おふたりが作るカゴは皮肉にも、東京など大都市で人気があるだけに、その手仕事の灯が消えていくとしたらもどかしい。

それでも別れ際に春子さんは「今年もまたたくさん、カゴ作ろうと思いますよ」と言い、ニッコリ笑った。沖縄の豊かな自然から生まれた手仕事、ワラビ細工。その灯が消えないことを祈りつつ、僕は春子さん宅を後にした。

●取材／2010年1月　●撮影／福田真己
●コーラルウェイ2010年3・4月号に掲載

取材こぼれ話

三時茶で、ちょっとひと休み

取材に伺った時点で、師匠の国吉春子さんは92歳。長寿県・沖縄でも、今のところ僕の取材歴の中で、春子さんは最高齢です。でもしっかりした足取りで、会話その他全てのやり取りも問題もなく進み、お元気で素晴らしいと思いました。せっかく春子さんがお元気なのに、伝承が今にも途絶えそうなのが歯がゆかったですね。

静かな取材でしたが、開発の大義名分のもと、昔ながらの知恵や技術が失われていく現実を、全23回の中で最も強く感じました。ただ懐かしむだけでなく、昔ながらの手仕事が伝える意味を、再確認したいものです。

ちなみにカゴは、実家に持ち帰って見せたら、そのまま実家の備品となりました。今も壊れることなく、しっかり使われています。

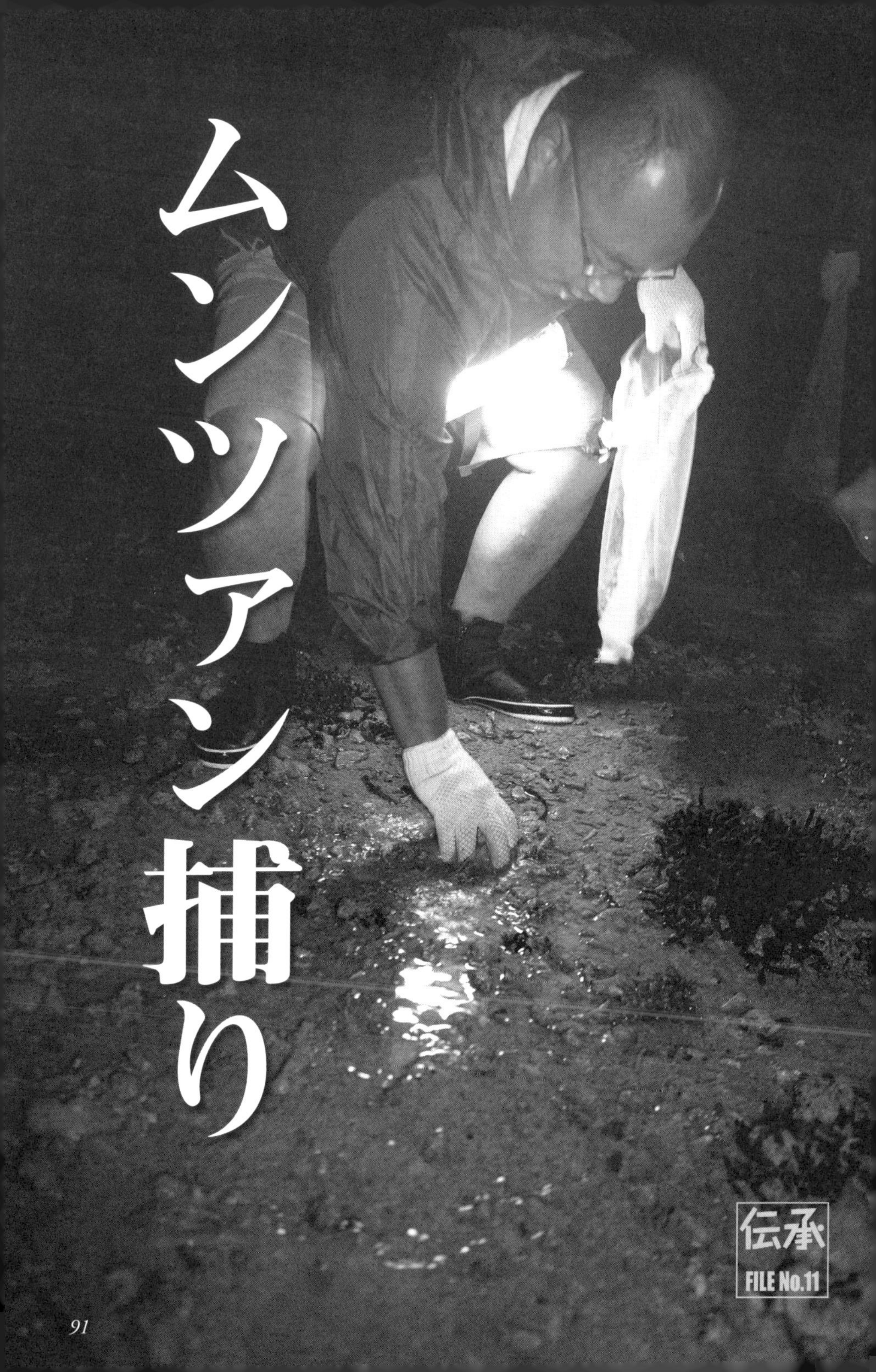

ムンツァン捕り

伝承
FILE No.11

八重山諸島の小浜島といえば、楽園ホテルが何軒も立つリゾートアイランド。ドラマ「ちゅらさん」のロケ地でもあり、平成の沖縄ブームの火付け役となった観光島である。だが観光客が寝静まったあと、ある「捕りもの」が秘かに行われていることを、知る人は少ない。

秋の大潮のころになると、小浜島の人々はソワソワと落ち着かない。干潮の砂浜に体長15センチほどのタコ「ムンツァン」が、続々と姿を現すからだ。島人たちは大潮の干潮時になると磯に繰り出し、絶妙な技でこのムンツァンを捕るという。

僕もお手伝いを兼ねて、お相伴にあずかるべく小浜島へ。そして煌々と輝く満月の下、驚きの漁は始まった。

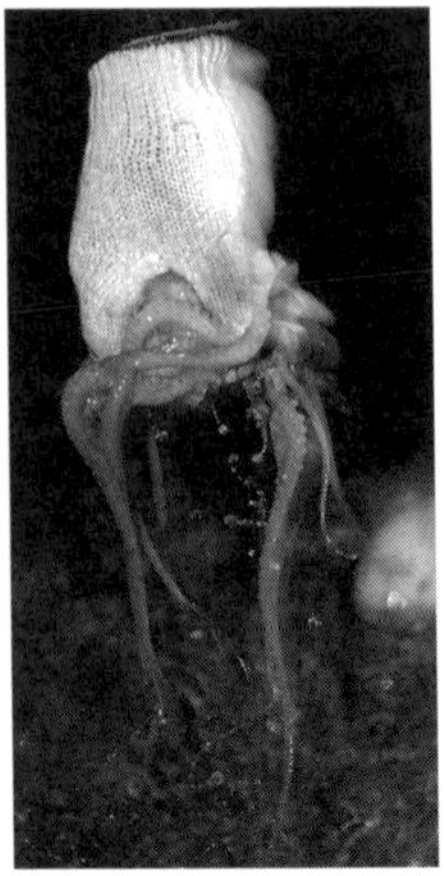

草木も眠る丑《うし》三《み》つ時に、ライト照らしていざ出陣！

石垣・八重山地方に波浪警報発令。波の高さ6m！ なのに僕は今なぜここに、この格好でいるのだろうか？ 腰に装着した巨大懐中電灯が、夜の海をポワンと照らす。足元はダイビングシューズ。軍手をはめた手に網。夜空に満月。

師匠

大久《だいく》 喜敬《よしゆき》さん

「ムンツァン捕り名人といえば喜敬さん」と島人の誰もが太鼓判を押す達人。昭和27年生まれで、ご幼少のころからお父さんとお祖父さんのムンツァン捕りを手伝ってきた、キャリア50年超のベテランだ。息子の喜一郎さん、嫁の加奈子さんも技をしっかり受け継ぎ今やムンツァン捕り名人である。

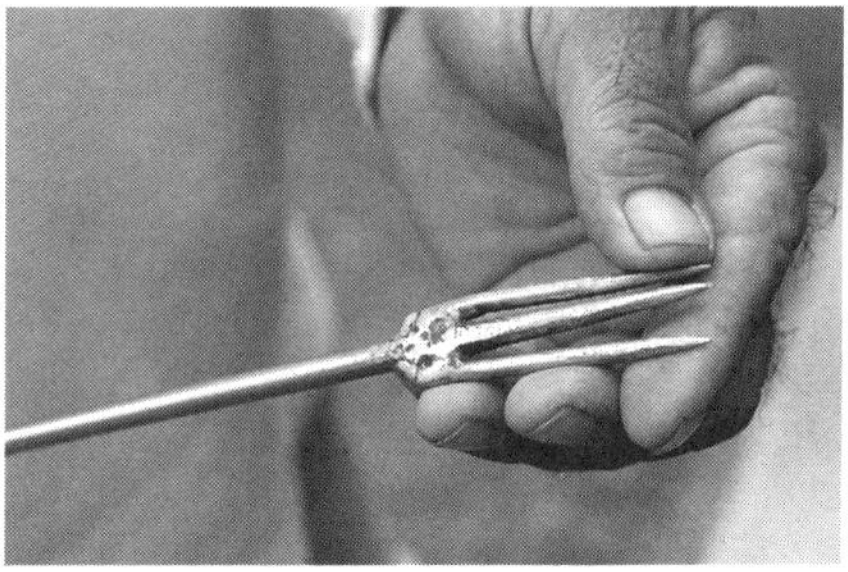

ムンツァンは砂浜に穴を掘り隠れていることもある。干潮が昼の場合は小さいカニでおびき寄せ、顔を出したら三つ又の銛(もり)で突く捕り方もあるそうだ。写真は大久さんお手製の銛。

眠い。時刻は……深夜12時！　草木もヤギも眠る真夜中、僕は師匠・大久喜敬さん、そして息子の喜一郎さん&加奈子さん夫婦、ほか喜一郎さんの従兄弟の奥さんに、その友達に……総勢ほぼ10名で、島の北岸に降り立った。本日は秋の大潮、そして真夜中に訪れた干潮。そして海を見渡すと、闇の向こうに灯るライトの明かりがチラホラ。

「ウチの向かいの家も、今日は海に出るって言っていたねー」と大久さんがノンビリ言うが、海はすでにライバルだらけ。負けてはいられない！　さっそく僕らも漁スタート！

とりあえず師匠のあとを付いて歩く。と、師匠が突然立ち止まり「そこ！」と砂浜を指差す。……砂しか見えない。だが師匠が砂をサッとすくうと、手の中にムンツァンが！

ムンツァンは周囲に合わせ一瞬で体色を変えるので、簡単には見つからない。「そこに

大久さんが「そこ！」と指差す先にムンツァンがいる。なのに全く見つけられない伝承マン。漁は最初、難航が予想されたが……。

砂に貼りつくムンツァンが見えますか？　保護色に紛れるムンツァンを見つけるには、優れた眼力が必要なのだ。

いる」と教えられても見えないのに、どうやって見つけろと？　こりゃ大変だと思ったら。

「あ、いたーっ！」とカメラマンF（女性）、1匹目をゲット！　「あ、いたーっ！」編集I（女性）もゲット！　「アンタも見つけようねー」と師匠に追い討ちをかけられ、ライバル心がメラメラ！　腰をかがめ、砂浜を凝視しながら歩く。だがタコも生き延びるのに必死だ。くるぶしまでヒタヒタの海、足元をスーッとムンツァンが泳ぐ。「いた！」と思って手を伸ばしても時すでに遅し、彼らは遥か遠くに泳ぎ去っている。

「下だけ見てもダメだよー」と師匠に言われ、我に返る。「光っているのが水溜り、そういうところにいるサー」と師匠。ムンツァンがいそうな場所を予想し、道筋を決めて歩くのがポイントなのだ。

　それにしても、月光が照らす夜の海が美しい。メラメラ心も落ち着き次第に平常心、ふと足元を見下ろすと……いたーっ！　素早くつかみ第1ムンツァンをゲット！

筆者、自力で1匹目ゲットの決定的瞬間!

心の目がタコを捕った（と段々調子に乗っていく）！

これは楽しい！　そしてムンツァンがいそうな場所も徐々にわかってくる。砂地より、サンゴがゴチャゴチャ散る所に彼らはいる。隠れたつもりがウラをかく知恵比べだ。

続いて島南部の海岸へ。浅瀬に水草が生えさらに見つけにくい。でも僕の横で大久さんが草をヒョイとすくうと、それがムンツァン！　水草に体色を合わせ彼らは潜んでいる。この上級者コースで捕れるのか。だが。

ムンツァンがサッと水草に紛れるのを、視界の端に捉えた。草色に変わる寸前に手を伸ばしゲット。上級者コースで捕まえた！

気がつけば午前4時。何キロ歩いただろう？　そしてこの夜の戦果、なんと200匹超え！「記録更新サー！」と喜ぶ大久さんの笑顔を見るほどに、収穫っていいものだなあ、と達成感が湧くのを止められなかった。

午前4時にみんな並んで、獲物をかかげハイ、ポーズ。皆さん夜が明けたら普通に仕事があるそうで「この時期は寝るひまがありません」と笑っていた。島の秋はなんだかパワフルなのである。

ムンツァン捕りの喜びが、島に秋の到来を告げる

ひと眠りして目が覚めるともう昼前。大久さん宅を訪ねると、嫁の加奈子さんがムンツァンのワタを除き、箱詰め作業の真最中。「コーサイ用に送るサー」と大久さん、捕りまくったムンツァンの大半は人にあげてしまうという。以前、島にいた駐在さんが本島北部やんばるに赴任して、毎年ムンツァンが送られてくるのを楽しみにしているそうだ。「捕るのがいちばんの楽しみだから」という大久さんの何気ない一言に、思わずうなずいた。確かに僕も昨夜は捕るのが楽しくて、眠気も忘れ夢中になった。そしてムンツァンは八重山のほかの島にもいるが、捕るのは小浜の人がほとんどだという。理由を聞いても「昔からやっていたからねー」と大久さんは言葉を濁し笑うだけ。「懐中電灯ないころは、タイマツを灯して捕ったねー」「学校の家庭科でも〈明日ムンツァン持っておいで〉って言われて、捕りに行ったよ」「昔は冷蔵庫ないからスルメみたいに干したりねー」——さりげない話の中から、楽しい収穫の光景が次々に伝わってくる。

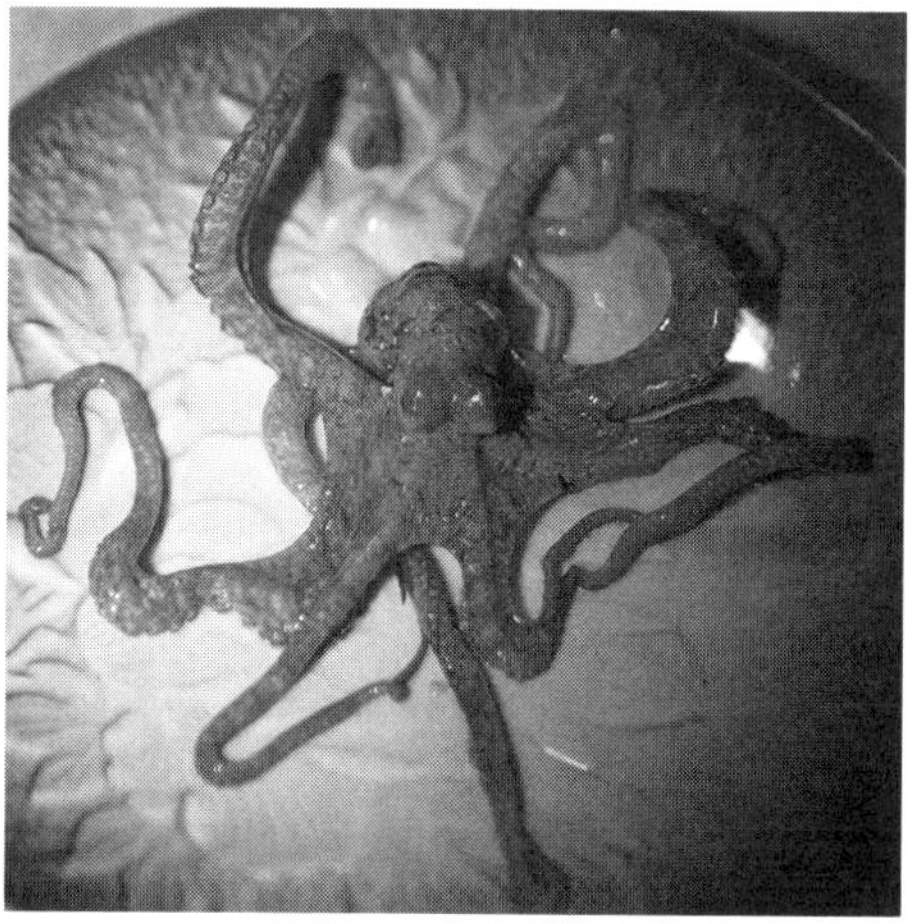

皿の上で大暴れするムンツァン君。真水に浸し、冷蔵庫で冷すとおとなしくなるそうだ(アーメン)。本島では「ウムズナー」とも呼ぶ。

小浜の人は狩猟本能が強い？　などと勝手な想像もめぐらしたが、島人にとってムンツァン捕りは生活の糧を得る手段というより、秋を感じる大切な風物詩なのだろう。

茹でたムンツァンは、シークワーサーを絞った酢醤油で。ほかにチャンプルーや、タコ焼きに丸ごと入れても(!)美味しい。

本土で紅葉狩りや栗拾いをするのと、同じ感覚なのかもしれない。島の四季と一体化して暮らすからこそ、自然に行われる漁の営み……「伝統だから」「受け継ぐべきだから」という大仰な台詞を、大久さんが全く言わなかったことが、そんな推測を裏付ける。

茹でたムンツァンを味見させてもらう。コリッと弾力があり、噛むほどに広がる甘み。ほんの数時間前に捕ったタコを、今こうして食べているのが不思議だ。都会のスーパーで買うタコでは味わえない「収穫の喜びの味」がする。

「ゆっくりすればいい」と大久さんが泡盛を注いでくれる。グビリ。雨が降り出し、静けさが辺りを包む。小浜の秋の贅沢に包まれ、僕はもうからだがとろけそうだった。

●取材／2009年9月 ●撮影／福田真己
●コーラルウェイ2010年1・2月号に掲載

取材こぼれ話

三時茶で、ちょっとひと休み

「Coralway」では真夜中の取材を何度も体験しました。那覇大綱挽きの深夜の大綱設置に、本書でも収めた宮古島の豆腐作りに……中でもこのムンツァン捕りの「集合深夜11時半」は前代未聞で、沖縄の夜文化の奥深さを感じました。

沖縄ではほかにも伊良部島の岩ガキ捕り、渡嘉敷島のイソアワモチ捕りを体験しましたが、とにかく楽しくて、暑さも忘れてのめりこみました。僕はそもそも生きているタコに触ったこともないのに。人はみな本能の部分に、狩猟民族だったころの記憶が残っているのかもしれません。

捕ったムンツァンを30匹持たされて、東京に戻ってカレーにしました。美味しかったけど、タコだらけのカレーは、見た目にはギョッとする出来栄えでしたね。

大久さん宅の縁側で、収穫の味わいを噛みしめる。漁は旧暦8月～1月にかけて行われ、その日の風向きにより捕れる海岸も違うそうだ。

第三章

そこに音楽がある風景

めでたいことがあったとき、嬉しいことがあったとき、沖縄の人々は三線を奏で、踊り、歌い、歓びを全身で表現する。
生まれたときから、そんな風に歌って踊る世界で暮らしてきたからなのか、彼らはそこに音楽があれば、自然に歌い出し、優雅に踊り出す。
ヨソ者が真似してみても、歌も踊りもぎこちなくて「何かが違う」のだが、それでも見よう見まねで歌い、奏でてみた。
沖縄の人々の心に、少しでも近づいてみたくて。

三《さん》板《ば》

伝承
FILE No.12

サンバ、といってもブラジルや浅草で踊るアレではない。「三板」と書いて、サンバ。その名の通り、3枚の板を打ち鳴らす手のひらサイズの楽器で、「沖縄版カスタネット」と言えばわかりやすいかもしれない。

沖縄民謡の演奏において、主役はあくまでも歌と三線だが、そこに三板は欠かせない。「三板のない民謡ショーなんて考えられないよ」と、沖縄の人は口々に言う。いわば沖縄民謡の名脇役。小さな楽器に秘められた、意外な奥深さを予感しつつ、いざ伝承の場へ。

日曜の午後、伝承場所の北谷《ちゃたん》町老人福祉センターに向かうと、待っていたのは師匠の田場盛信さん……だけじゃなかった。まずイケメンの一番弟子・稲福大吾さんと、そしてズラリ並んだご婦人と子どもたち！
「三板はひとりじゃ淋しいからね！」
と田場さんが声をかけてくれたのだ。そして協会理事長だから、おっかない人かと思ったら……田場さんは終始ニコニコと笑っている。稲福さんが立ち上がるたび、ご婦人たちからいちいち「よっ、イケメン！」とか声も掛かり、伝承は和やかに始まった。

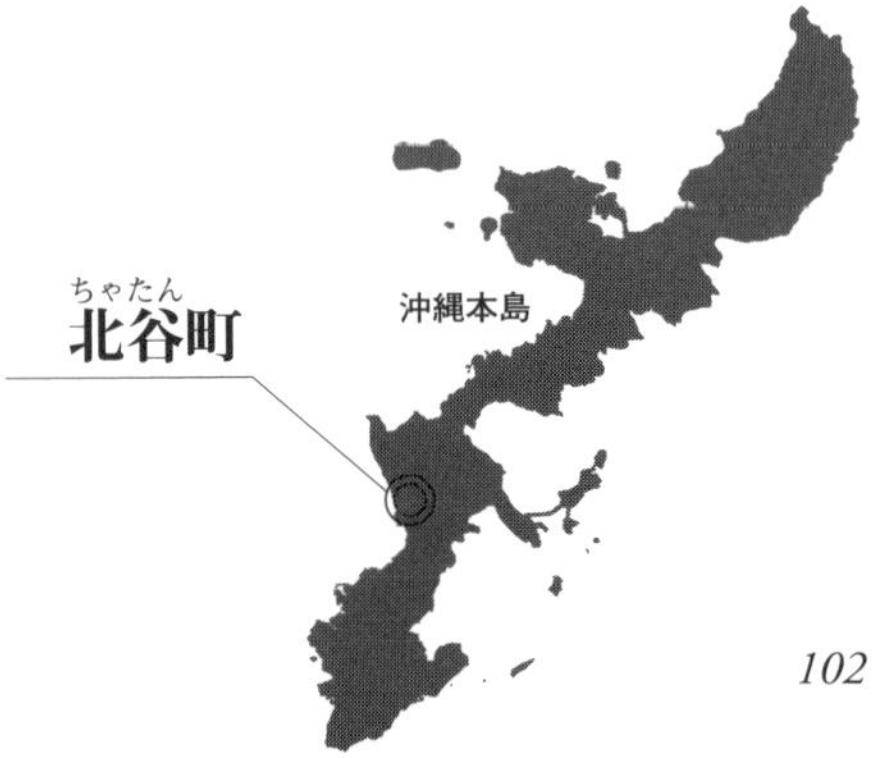

師匠

田場《たば》 盛信《せいしん》さん（写真右）

沖縄三板協会理事長。沖縄民謡界の大御所・登川誠仁《のぼりかわせいじん》さんから三板の技を受け継いだ、由緒正しい後継者だ。三板歴は30年を超えるほか、1972年には『島の女』を大ヒットさせた、大御所の民謡歌手でもある。ちなみに沖縄三板協会は2001年3月8日（サンバの日）に発足した。左は一番弟子の稲福大吾さん。

ズラリとそろう田場さんの三板。素材に使う木もカリン、カシなどいろいろで、歌い手の声質に合わせて使い分けるそうだ。

打ち方いろいろ。音色は……ケレレレケッケン

三板は長さ10センチ、幅4センチほどの板を3枚、ヒモで繋げた楽器。3枚の板を指と指の間に挟み（写真参照）、早速打ち方の練習その①。まずは両手で拍手するように打ち鳴らす。鳴らし方は打つ、叩く、払うの3パターン。ケン、ケン、ケンと芯まで響く、木の音色が心地よい。

その②「はーい、次は片手で」ケンケンケンケン。その③「じゃ、両手使ってみようね」ケンケンケンケンケンケンケン。その④「次は右手で8の字に打ってみようね」ケンケンケンケン。その⑤「その合間に左の親指入れてみようね」ケケケンケケケンケケケン。その⑥「6拍子いってみようね」ケンケンケンケンケンケン。

なんと、10分で6通りの打ち方を修得。続くその⑦。右手の小指から親指に向けて、5本の指で立て続けに打ち鳴らす。

「ケレレレケッケン、いくよー」

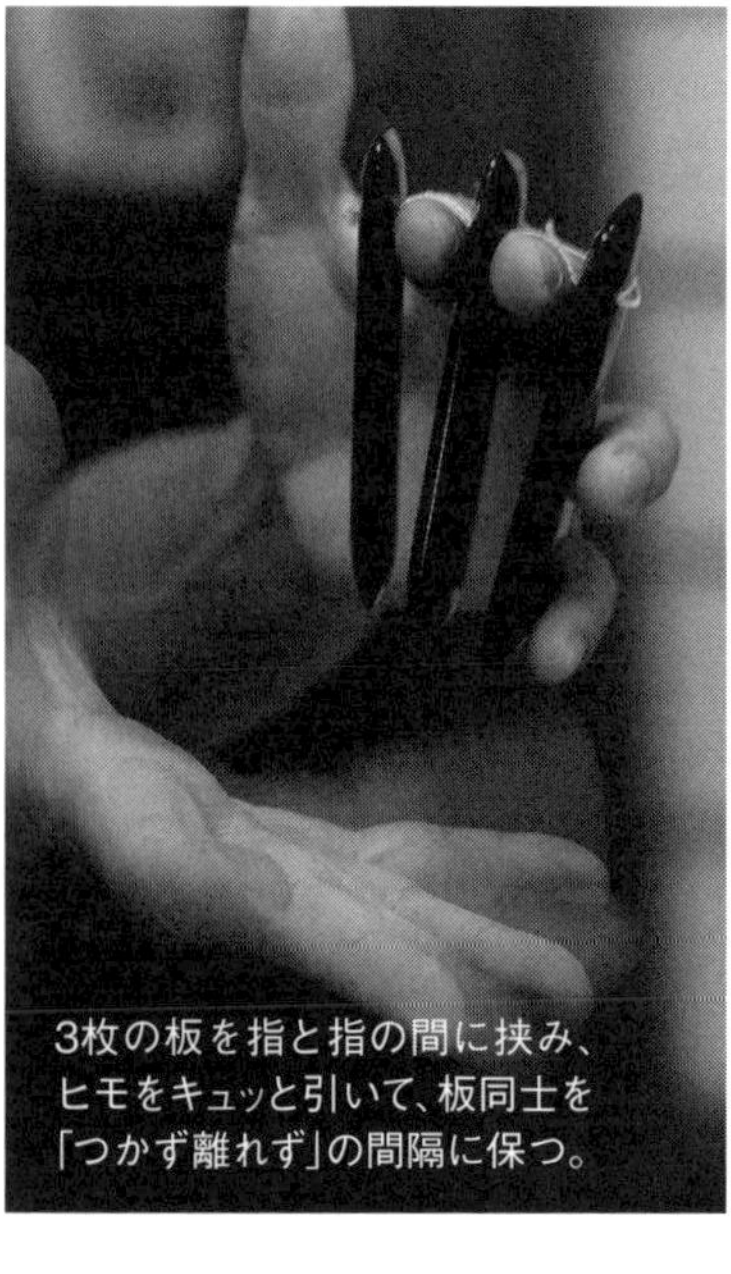

3枚の板を指と指の間に挟み、ヒモをキュッと引いて、板同士を「つかず離れず」の間隔に保つ。

流れるようにエレガントな指さばきで、田場さんが三板を鳴らす。見よう

ご婦人と子どもに挟まれて、打ち方を習う。三板教室は沖縄でも意外に少ないそうで、この日ご一緒した皆さんの大半が、三板初体験。

見まねでやってみると……おーっ、ケレレレケッケンと三板が鳴る。なんだかできてしまうぞ！

……と調子に乗れたのもここまで、続くその⑧は、親指から小指に向かう逆ケレレレケッケン。手首を逆手にひねり、戻しながらエレガントに三板を叩くはずが、全然できない。滑らかに打つ田場さんを真似てみるが、ヒジがありえない方向にこむらがえる。でも全然できていない僕を見て、田場さんはやはりニコニコ。

「ジョートージョートー。うまくできなかったら隣の人を叩きなさい」と言い、それを聞いたご婦人たちがギャハハハと笑い転げ、練習はなんとなく進んでいく。

結局、逆ケレレレはマスターできな

かったものの、7通りの打ち方を修得。これだけできれば、どんな曲の伴奏も務まるそうだ。というわけで沖縄民謡の定番『安里屋ユンタ』に合わせて打つことになった。イケメン稲福さんの三線に合わせて、演奏スタート！

♪サー君は野中のイバラのは～な～か～♪

さーユイユイ、そしてケレレレケッケン。おおっ、なんだかそれなりにサマになっているのはなぜだろう。そのまま演奏が乱れることもなく、『安里屋ユンタ』を4番まで通して、入門は無事に終了した。

と思ったら、田場さんがこう言った。

「せっかくだから、ひとりでやってみる？」

えっ、ひとりで!?

前に出すぎず演奏を締める……三板は民謡ショーの女房役

長いお茶休憩のあと、ついに僕はひとりでご婦人と子どもたちの前に立った。休憩のせいか、覚えたはずの打ち方を忘れたような……なんて思っているうちに稲福さんの三線が始まり再び『安里屋ユンタ』！　基本の拍子打ちから始めて、習った順番通りに打ち方のバリエーションを混ぜていく。……手が勝手に動き出す。8の字打ちの親指入れに、そしてイチかバチかの単独ケレレレケッケン！

「凄いねー」とご婦人たちから声援が飛び、最後は「アンコール」の声までいただいて、三板入門は今度こそ終了した。ここに来て三板を触ってから、所要たったの1時間（お茶休憩を除く）。始めたばかりの楽器で、

筆者オンステージ中!
撮影されていると気づく余裕もない。

意外な充実感を味わったことで、小さな三板の底力を感じずにいられなかった。

三板は中国が発祥とされ、最初に民謡に合わせたのが沖縄歌謡会の大御所・登川誠仁さん。そして誠仁さんのライブでは三板の人が遅刻、欠勤が多く、その代役から始まって、田場さんが三板の技を受け継いだという。

「ただ打ち鳴らせばいいものではないです」と田場さんは言う。民謡の主役はあくまでも唄と三線。だから唄者が唄っている間は控えめに鳴らし、間奏では高らかに鳴らす。この打ち分けができないと、唄自体が死んでしまう。三板は民謡ショーを支える縁の下の力持ち、大事な女房役なのだ。出るところは出て引くところは引く。何か人生訓まで感じさせる三板なのである。

手軽なので三板の人気は上昇中だが、てーげー(適当)に打つ人も多いそうだ。だが「打つからには正しく覚えてほしい」と田場さんは言う。演

にこやかにレッスンを続ける田場さん。田場さんのレベルになると、ときにはヒジやオデコでも打ち「魅せる」演奏で観客を沸かす。楽しんで打つのも三板演奏のポイントだ。

歌やポップスにも合い、カラオケから老人会のリハビリまで活躍の場を広げる三板。伝統楽器が1時間の練習でサマになるのなら、きちんと習うに越したことはない。

「沖縄で集まりがあるときは、ポケットに入れて出かけてください。いつでもどこでも演奏できるのが、三板の魅力なんです」

田場さんはそう言って、最後までニコニコと笑っていた。小さな楽器に無限の可能性を秘めて、ケレレレケッケンの輪が世界に広がるよう、願わずにいられなかった。

●取材／2007年9月　●撮影／福田真己
●コーラルウェイ2007年11・12月号に掲載

取材こぼれ話　三時茶で、ちょっとひと休み

連載5回目で初めて入門した、音楽系の伝承技が三板でした。取材内容が毎回ハードすぎて、連載開始から半年ほどで僕はもうグロッキー気味。そんな様子を見て、編集者が中休み的な意味合いで、三板の取材を入れたのかもしれません。後出の民謡酒場の取材でもそうでしたが、楽器を触ることに緊張はなかったので、入門も1時間ほどで終わりました。

ただサラリとできた分、記事を書くのは苦労しました。最初はできない→頑張る→ついにできた！　この盛り上がりが大事なんですね。その辺を編集部も考慮したのか、音楽系の取材は結局、民謡酒場入門とこの三板入門の2回だけでした。音楽が盛んな沖縄だけに、もう少し音楽系の入門取材をやってみたかったですね。

伝承 FILE No.13

民謡酒場のステージに立つ

沖縄の音楽といえば民謡だ。そして、ただ聴くだけではなく、一緒に歌って踊って楽しむのが沖縄流。繁華街には今も民謡酒場がほぼ必ずあり、日付が変わるのも構わずに、夜が更けるまでライブが行われている。

今回訪ねた「なんた浜」があるのは、民謡酒場の本場でもある音楽の町・コザ。その社交街「中の町」にある老舗の一軒で、20数年前に『肝《ちむ》がなさ節』を大ヒットさせた民謡歌手・饒辺《よへん》愛子さんのお店だ。そして僕は今回、民謡を一曲習い歌えるようにする、だけかと思ったら、恐れ多くもそのステージに立つことになってしまった。どうなることやら。度胸を決めて、昼下がりのコザに下り立った。

練習時間、たった2時間。僕は本当に…舞台に立ってしまうのか？

中の町の大通りから、1本奥まった路地裏に迷い込むと「なんた浜」はすぐ見つかった。訪ねたのは午後3時、中の町は夜の社交街だから、ほとんどの店がまだシャッターを下ろしている。静けさが、どうにも所在ない。とりあえず店の中へ。

「今日は彼が先生サー」師匠・饒辺《よへん》愛子さんが笑顔で出迎え、そしてまだ若い青年を紹介してくれる。仲宗根

師匠

饒辺《よへん》 愛子さん（写真左）
仲宗根 創《はじめ》さん（写真右）

愛子さんは47年前に、店名のもとになった名曲「なんた浜」で民謡歌手としてデビュー。40年前に民謡クラブ「なんた浜」を開店した。沖縄民謡界を代表する歌手として県内はもちろん全国、そして海外でも精力的にコンサートを行っている。創さんは那覇出身の22歳。18歳のときナークニー（沖縄民謡を代表する1曲）大会で優勝。「登川誠仁さんの再来」との呼び声も高い、沖縄民謡界期待の新星である。

創《はじめ》さん――まずは彼に三線のイロハを教わることになった。

ハジメ先生「曲は何か知っていますか？」僕「『安里屋ユンタ』なら」「じゃ、それにしましょうね」とアッサリ決定。僕は今から三線を習い、しかも夜にはステージに立つらしい。その曲目はたった今『安里屋ユンタ』に決まったらしい。いいのだろうか。

まずバチと棹《さお》の持ち方を習う。バチの穴に中指を差し込み、三本の絃《げん》は低いほうから「男絃（うーぢる）」「中絃（なかぢる）」「女絃（みーぢる）」。音階は下から合、乙、老／四、上、中、尺／工、五、六、七、八。基本中の基本を習ったところでハジメ先生が言った。

「工、五、六、七」「はい次は四、上、中、尺」とハジメ先生の掛け声に合わせ、音階の練習にいそしむ。

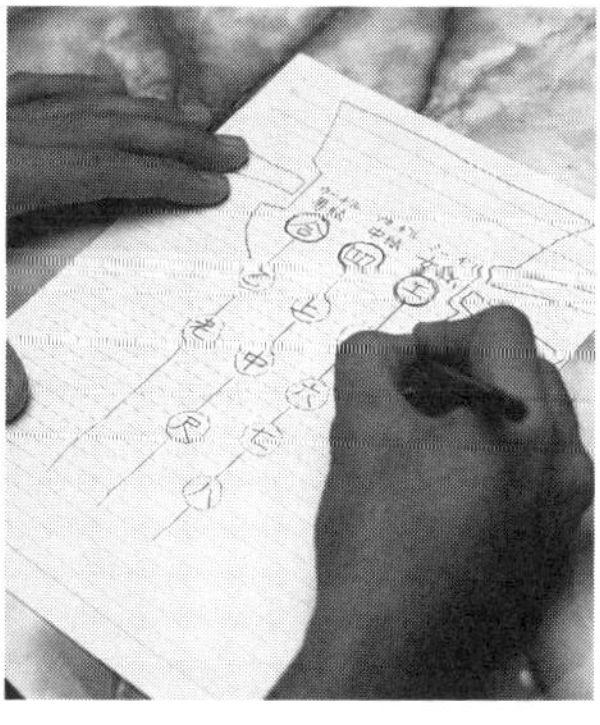

ハジメ先生が棹の絵を描き、音階の名前を書き入れてくれる。さらに『安里屋ユンタ』の工工四も直筆で書いてくれた。手抜きのできない真面目な性格だから、民謡の道にも精進するのだろう。

「イントロいきましょう。中、工、七、合」

うわっ！　開始10分足らずで『安里屋ユンタ』のイントロ練習開始！　できるわけないと思いつつも、ハジメ先生手書き(!)工工四《くんくんしー》(沖縄民謡の楽譜)を見ながら、ゆっくり一緒に弾いてみる。最初はもちろん弾けない。もう1回、さらにもう1回……あれ？

教え方が素晴らしいのか、指が自然に音階を押さえ始める。「スジナミいいですよー」と愛子さんからもお褒めの言葉が。

歌も一緒に歌う。1回目は歌詞を見ると工工四を見落とし、工工四を見ていると歌詞を見落とし少々メロメロ。2回目はやや改善され、最後まで止まらずに演奏できた。まだ譜面をなぞるだけで精一杯だが……「じゃ、本番頑張りましょう」と言って、ハジメ先生は爽やかに笑った。「できているよー」と愛子さんも笑うが……僕はこの状態で本当に、今夜のステージに立ってしまうのか!?

そこは大人が集う粋な社交場、夜がふけるほど歌も踊りも止まらない

「ヘンシーン！」夜9時すぎ、ステージ衣装に着替えた愛子さんが元気に登場。お客さんも徐々にやって来て、その誰もが服装も髪型もバッチリ。皆さん夕食と風呂を済ませ、改めて出てきたそうで、「正装ぶり」に民謡酒場は「大人の社交場」なのだと感じてしまう。

「お待たせさびたん！」愛子さんの掛け声を合図に、いよいよ開演！　1曲目はデビュー20周年記念にレコード化した『なんた浜音頭』。「今日は1230名のお客さんも集まり(そんなにいません!-)、盛り上げていく

サー!」と、軽快なMCに皆さん大爆笑。

曲は続いて『ちぶみ』(蕾《つぼみ》)。初めて聴く曲だが「不肖の私が花咲いてどうする? いっそ蕾になりたい」と愛子さんの解説つき。なるほどね、と聴いていると……。

客の男性がハンカチ片手に踊り出した! ご婦人が僕の手を引きカチャーシー(※)に誘い出す。皆さん、からだが自然に動き出している。この場所に生まれた者だけに流れる「血」が、そうさせるのか?

愛子さんが僕の耳元で囁いた。「そろそろタイケンしますか?」……ついに来た!

いよいよステージへ! 客席の全員が僕を見るので(当たり前だ)一気に緊張! 工工四が漢字の羅列にしか見えないぞ!

「行きますよ」——隣で微笑むハジメ先生。彼の顔を見たら安心して、僕は深呼吸すると『安里屋ユンタ』のイントロを爪弾

「なんた浜」の演奏メンバーが舞台に勢ぞろい。愛子さん(中央)の両隣の女性はそれぞれ、お店の「ナンバー1」そして「看板娘」なのだそうだ。

2曲目で早速カチャーシーが始まり、筆者も引っ張り出される。民謡酒場に来たら、座ってなんかいられない!?

(※)沖縄民謡の盛り上がりに合わせて踊る、踊りの一種

午後9時40分にステージ開演！　この日は少々早めの開演だったそうで、休憩を挟みながら演奏は午前4時（！）まで続く。筆者もついにステージに立った！

き始めた。

♪サー君は野中のいばらの花か
　サーユイユイ～♪

あ、音階が違った！　バチが絃に届かず音が鳴らない！　と何箇所か間違ったが、その都度ほかのメンバーの皆さんがフォローしてくれて、無事終了！　お客さんから「ほー」という声と拍手が飛ぶ。「なかなかやるなー」と思ってくれた？　と勝手に解釈して、本日のお勤めは無事に終わった。ふうっ。

愛子さんは、ほぼ毎晩ライブを続けて40年。その間にはさまざまな苦労もあっただろう。沖縄ではもともと、三線は男が弾く「遊び人の持ち物」であり、女性が弾くことに眉をひそめる風潮があったという。愛子さんも最初は三板担当だったが「三板だけやって、三線弾く人を横で見ているとね、自分が人のフンドシで相撲とっている気分になるわけ。

あーこれではダメ、自分ももっとシゴトしなきゃいけないって思って」三線を弾くようになり、今日に至っているのだという。

愛子さんがふと漏らした「あしべーわたしし」という言葉が耳に残った。「あしべー」は「遊び」、「わたしし」は「ヘソクリ」。

「遊びはヘソクリみたいなもの。民謡酒場でコッソリ遊んだら、次の日はまた一生懸命仕事する。それが大人の遊び方よ」

民謡酒場は夜の社交場。スマートな大人の男女が闇に隠れて集まり、一夜の饗宴に身を預ける——だがそんな「大人の粋」をたしなむ人が減り、民謡酒場は減少の傾向にあるという。それでも愛子さんは、こう続けた。

「歌が好き。人が好き。お客さんが好き。数年ぶりに来るお客さんがいて、また会える。だから続けられる」

時刻はいつの間にか12時を回っている。

だが演奏は続き、お客さんは心の底から楽しそうに歌い、そして踊り続けていた。

●取材／2010年5月　●撮影／福田真己
●コーラルウェイ2010年7・8月号に掲載

取材こぼれ話

三時茶で、ちょっとひと休み

僕は実はこう見えても(?)、高校そして大学ではオーケストラに所属し、バイオリンを弾いていました。だから未経験の楽器に触ることに抵抗がなく、しかも三線はバイオリンと同じ弦楽器だから感覚的にも似ていて、体験早々にある程度は弾けてしまったのです。もちろん「胸を打つ演奏」には程遠かったのですが、譜面をなぞるだけならすぐ弾けてしまい——逆に焦りました。「伝承マン」の取材は、むしろ苦手な分野のものに挑戦して段々モノになっていくほうが、結果的に紙面も作りやすかったみたいですね。

せっかく覚えた『安里屋ユンタ』なので、東京でも機会があるごとに、人前で弾いています。さすがに周囲でも弾ける人は少ないので、少々間違えてもバレずに「おおーっ」と驚いてくれますね。

第四章

美味しくいただきましょう！

客人が訪ねてくれば、心づくしの料理でもてなす。

家族親戚友人に祝い事があれば、料理を囲み祝う。

来期の五穀豊穣を願うため、神様に料理を捧げ、旧盆や墓参りでも料理を広げ、ご先祖様との再会を喜ぶ。

けっして食材が豊富だったわけではない。でも沖縄では昔から、人が集まり歓びを分かち合う席に、絶品の料理があった。

――インスタント食品と外食ばやりの昨今、そんな大切な手料理が廃れつつあると聞いた。それはいけない。大変だ。

舌と胃袋をフル稼働させ、伝統料理を全身で受け継がなければ！

首里 伝統行事料理

伝承
FILE No.14

沖縄がまだ琉球王国だったころ、その王都は首里だった。王様が暮らしたこの街ではさまざまな文化が生まれ、料理もそのひとつ。沖縄料理と呼ばれる数多くの独特な料理の多くは、その源流をたどれば首里で生まれた料理にたどり着くといわれている。

伝統と歴史の街・首里で、そんな伝統料理を後世に伝えようと奮闘するご婦人たちがいる。早速入門するべく訪ねてみたら、上品な味付けと細かい料理法に、ふだん沖縄でステーキばかり食べている筆者は目が白黒！　沖縄伝統料理の真骨頂を、果たして修得することはできるのだろうか。

「首里で伝統料理入門」と聞き、腰が引けてしまった。首里は琉球王国時代の王都で、今も当時の高貴な雰囲気が残る場所。僕のような庶民が、伝統文化探求の場にノコノコ出かけていいのか。恐縮しつつ、首里人の文化研究会のひとり・照屋苗子さん宅を訪問した。

「お上がりになって、さあ！」

照屋さん、花のような笑顔でお出迎え。緊張を少し解きつつお宅に上がりこむ。ピンポーン、ピンポーンと呼び鈴が鳴り、研究会のご婦人が次々やって来て、気がつけばご婦人が10人以上。そして再びピンポーン。

「比嘉さんね、きっと」と照屋さん。テレパシーが的中して、今回の幹事役・比嘉文子さんがご登場。その手

師匠

首里人（スインチュ）の文化研究会の皆さん

首里で生まれ育ったご婦人たちで構成され、それぞれの母上、お祖母様から聞き取りした首里の習慣や慣例をまとめ、より正しく伝えることに日夜励んでおられる。写真は取材にあたり幹事役を務めてくださった比嘉文子さん（左）と、ご自宅を使わせていただいた照屋苗子さん（右）。

には大きな包み……首里銘菓「のーまんじゅう」！　白い皮に赤い文字で、大きく「の」の字が書かれた、祝いの席に欠かせない饅頭だ。

「ハラが減ってはイクサができぬ。さあ！」

比嘉さんに勧められるまま、大きな饅頭をパクリ。料理修業が始まる前に、こんなに食べていいのだろうか。腰が引けたことも忘れて、伝承はにぎやかに始まった。

のーまんじゅう…白い皮に赤く「の」と大書されているあんまん。熨斗（のし）の「の」の字に由来すると言われる祝事用の菓子。

昔の人は偉かった？ 細かい手順の連続に目が回る

「今日はこのかた(僕)に料理を教える番組です！」（テ、テレビじゃないんですが）

比嘉さんの号令で料理スタート！ 本日作るのは、ハレの日を家族で祝うお膳「ユチグン」の料理で、シカムドゥチ、ミヌダル、クーブイリチー、ビラガラマチ。クーブは昆布のことだとわかるが、それ以外は料理名自体が初耳だ。そして本日の師匠は10人以上！

「豚肉のスジを切りましょう」「お鍋を見てください」「ゴマすってくださる？」

全方向から指示が飛び、訳もわからずこなし、気分は相撲部屋のちゃんこ当番。鍋に湯を沸かしカツオ節をドバッと入れてダシを取る。その大量ぶりにビックリ。出来合いの調味料は一切使わず、このダシが味付けの基本になるのだ。

「では豚肉を切りましょう」

比嘉さんの指示で、クーブイリチーとシカムドゥチで使う豚三枚肉を切る。クーブイリチーは昆布の炒め煮、シカムドゥチは「鹿もどき」、豚肉を鹿肉に見立てた醤油仕立ての汁物で、夏の行事の席に欠かせない。そして豚肉を幅1センチの短冊切り。早速切るが、幅に数ミリの誤差が。「てーげー」な沖縄だから、まあいいだろう……と思っていたら！

「大きさをそろえましょう。包丁を入れる角度も均一にね」と比嘉さんの指導

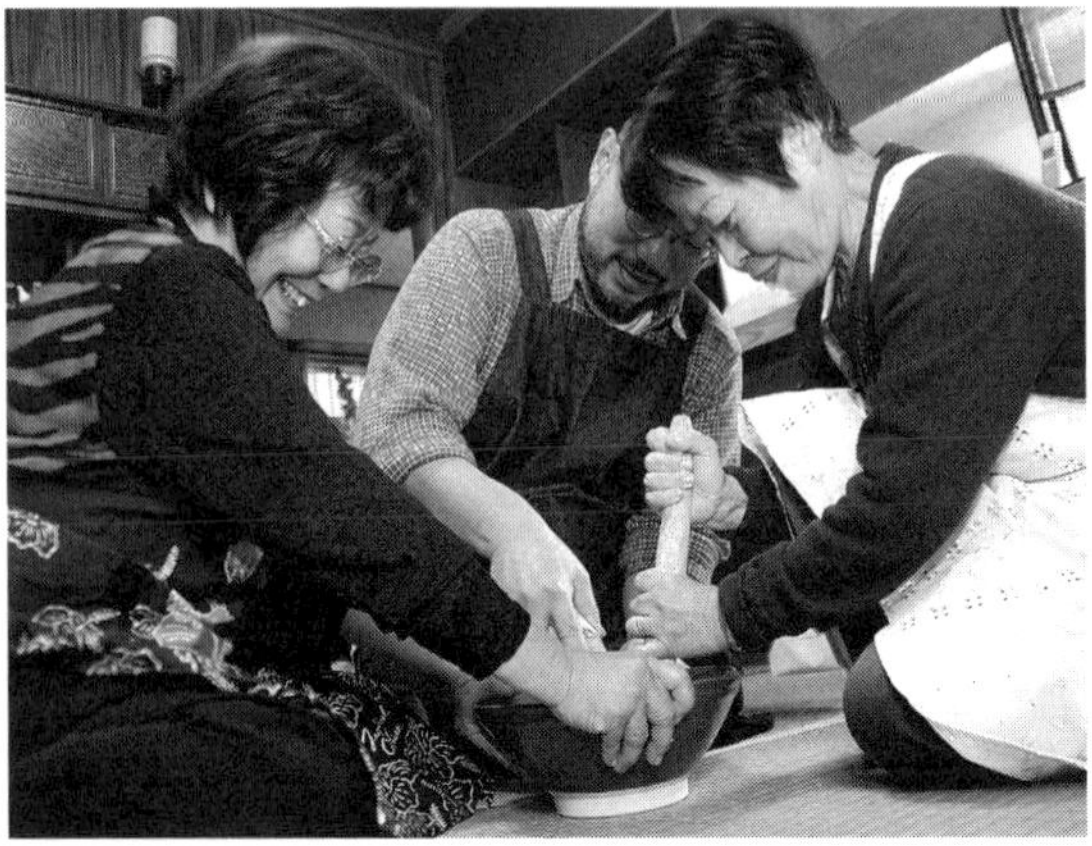

僕はふだん料理をするので、包丁さばきには自信があったのだが……。「あら、ちょっと厚いわねえ」「もっと薄く。厚さもそろえて切ってくださいね」と、師匠の指示が全方向から矢継ぎ早に飛び、巨体を丸めて四苦八苦。

豚肉の扱いと並んで大切なのが、昆布の結び方と切り方。沖縄の祝いの膳に、昆布を使った料理は欠かせない。写真は一発で千切りする技を教わった瞬間。

舌触りをよくするために、豚三枚肉の皮を直火で炙る。大胆な調理法を、黙って見守るしかない筆者。

が。その隣で照屋さんが「大事な豚肉だからね」と言って笑う。沖縄で祝いの膳の主役といえば、今も昔も豚肉。だから丁寧に切りそろえて、大切に扱うのだ。丁寧に、ミリ単位の誤差もないように……昔の人は料理のたびに、こんなにも手間をかけていたのか？

切った三枚肉と野菜をダシで炊いて、まずはシカムドゥチが完成に近づく。だがここで味見をすると「薄いわね」「足りないわね」と言いながら、ご婦人たちがダシをザザーッと追加した。しかも目分量で！

王朝時代は計量カップなどなかったから、味付けは自分の舌だけを頼りに調整する。そして伝統料理の「レシピ」の記録は、沖縄では存在しない。作り方は母から娘へ、実践によって受け継がれていくのだ。

三枚肉と昆布を炒めて煮て、クーブイリチーが完成に近づく。ゴマをすり鉢ですり、豚ロース肉にまぶして蒸し器で蒸し、ゴマの色が艶やかなミヌダルも完成。祝い膳の料理の中でも最高級品で、一家の主人（お父さん）のお祝いなどで作ったという。

そして謎のビラガラマチ作り。「ビラ」はネギ、「ガラマチ」は「巻きつける」。棒状に切った揚げ豆腐に細ネギを巻く料理なのだ。ひとつずつが小さく、全ての豆腐にネギを巻くのは膨大な作業。いくら巻いても終わらない。だが、「家族みんなでやりましたねー。話しながら作れば、あっという間でしたよ」

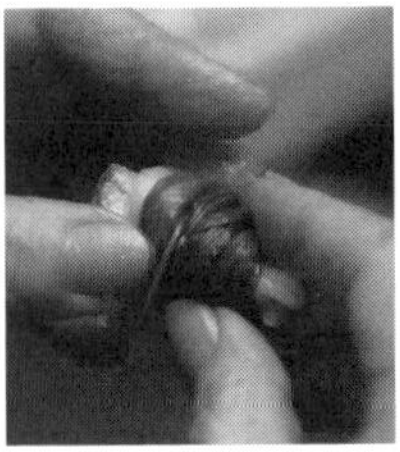

ビラガラマチ用の豆腐を薄く切って、布巾に並べて水気を取る。このあと油で揚げて棒状に切って細ネギで巻いて……先は長いのだ。

五月の節句に作る「あまがし」とポーポー、チンピンも用意した。あまがしは、押し麦を使ったぜんざい風のおやつ。クレープ風に焼き、油味噌を塗ってクルクル巻いたのがポーポー、黒糖風味のクルクルがチンピン。

美しく仕上がった「ユチグン」の膳。

とご婦人たち。伝統料理というと堅苦しいが、そこにはお父さんを祝い、おしゃべりしつつネギを巻き……団欒の風景がある。

　大量のビラガラマチが出来上がり「ユチグン」の膳の料理が全て完成した。

「はい、味見して」と比嘉さんに勧められ、クーブイリチーを一口。三枚肉が口の中で優しく溶けて……初めて食べるのに懐かしい母の味がした。

手間の中にギッシリ詰まった料理人のさまざまな想い

師匠たちに囲まれて、なんとなく僕が小さく見えるのは気のせいか？

「お料理を伝えるのは、ご先祖様への恩返しなの」と比嘉さんは言う。昔の人の料理には数多くの知恵が詰まっている。何気ない食材も、丁寧に切りそろえ見栄えよく盛りつければ、もてなしの一皿になる。食材を細かく切るのは、お年寄りへの思いやり。余った切れ端は煮つけや漬物にして無駄なく使い切る。そこには知恵、そして食材への感謝がある。

苦労して作った料理をいただき、入門は無事終了。「息子が帰ってくるから」と言いながら、ご婦人たちが帰り支度を始め「師匠」から「主婦」に戻っていく。僕もそろそろ退散、と帰りかけた背中越しに、「次はあなたの結婚式でクーブイリチーを作りましょう」——比嘉さんが何気なくそう言った。嬉しいが、いつになるのか。苦笑いしか返せない自分が、なんだか申し訳なかった。

●取材／2007年2月　●撮影／福田真己
●コーラルウェイ2007年5・6月号に掲載

取材こぼれ話

三時茶で、ちょっとひと休み

「伝承マン」の取材は、体を張って行うものが多く大変でしたが……この料理入門は5本の指に入るエネルギッシュな取材でした。とにかく生徒が僕ひとりなのに、師匠はご婦人が10人以上！　最初は圧倒されアタフタしてしまった記憶があります。

何でもアバウト＝「てーげー」に行う沖縄で、こんなにも微細な世界があるものかと驚きました。その細かさは、首里という場所が受け継ぐ伝統、そしてプライドの裏返し。沖縄を日本に例えれば、那覇が東京・大阪なら首里は京都だなあと、沖縄の中にもいろいろな地域性があることに感心したものです。首里は1954年まで「首里市」であり、首里の人々が今も「那覇市の一部とみなされることを嫌う」と知り……とにかく首里という場所の奥深さに、初めて触れた取材でしたね。

ムーチー作り

伝承
FILE No.15

「餅」と聞けば、ほぼ全国的に正月を思い浮かべる。だが沖縄の「餅」は、旧暦12月8日に作るムーチー（「鬼餅」とも書く）を意味する。そしてムーチーは餅粉をこねて、月桃の葉に包んで蒸したもの。沖縄には餅つきの習慣すらないのである。

ムーチーには子どもの健康を願う気持ちが込められているが、一方で「鬼」の字が象徴する、世にも奇怪な民話とともに伝承されている。作り方を受け継ぎつつ、そこに秘められた謎をさぐりに、発祥の地とされる本島南部・旧大里村を訪ねてみた。

生地をこねたら葉に包む…楽勝と思ったら重労働！

沖縄を何度も旅していても、旧・大里村はそう行く場所ではない。本島南部の内陸にある「海のない村」。数年前の大合併で南城市の一部となり、今や那覇のベッドタウンの趣だが……旧暦12月8日に沖縄のほぼ全県で食べるムーチーは、この旧大里村が発祥といわれている。というわけで旧・大里村の公民館にお邪魔し、特製の紅型《びんがた》模様エプロンを身につけてムーチー作りは始まった。

手順その1／餅粉（もち米を粉にしたもの）を砂糖と混ぜ、水を加えてよくこねる。

師匠

玉城《たまき》 吉江さん

本島南部・南城市は旧大里村の村おこし事業推進委員会ムーチー班（という班があるのだ）班長。ムーチー作りはご幼少のころから「粘土細工のつもりで手伝ってきました」という大ベテラン。弾けるように明るい笑顔で迎えていただいた。

手順その2／こねた生地を小さくまとめ、月桃の葉に包んで蒸せば出来上がり。

レシピを聞き「意外と簡単そうだ」と思ったら、試練が待っていた。師匠・玉城吉江班長率いるムーチー班の指導のもと、餅粉1キロにグラニュー糖200g、乾燥マッシュポテト70gを混ぜ、水4カップを加えこねる。耳たぶの柔らかさになるまで……ならない！　大量の粉は、いくらこねてもまとまらず、いつまで経ってもボロボロ状態のままだ。

「こね方が少し優しいですね」と玉城さん。そして「少し水足しましょうねー」と言ってチャッチャと水を振り、チャッチャとこねる。真似して僕もチャッチャ……だがボロボロのまま。「このムーチーは水飲むサー」と玉城さんも苦笑い。天気により水加減が違うそうで、この辺はレシピよりも長年の勘が頼りだ。

30分がかりでやっと、耳たぶの柔らかさにまとまった。1キロの餅粉で、ムーチー25個分。それにしても25個。餅とは家庭でそんなに食べるものだろうか。だが「25個は少ないほうです。家庭ではこの倍以上、3～4キロ分作りますよ」と玉城さんが言う。ムーチーは子どもに、それぞれの年の数だけ配る。だから例えば孫が5人いれば、40～50個作るのが当たり前。さらに本家に持参したりご近所に配ったり、何個あっても足りないのだ。

生地がこね上がって、お茶を片手にひと休み……と思ったら「あら、固くなってる」と玉城さん。生地は空気に触れるとすぐ固くなるので、休憩するのはまだ早かった。再び水を振りこね直す。油断は禁物だ。

ほかに黒糖入りの生地も餅粉2キロ分作り、合計70個分以上の生地が完成。これを月桃の葉に包む。ハンバーグを作る要領で（と説明された）生地を小判形にまとめる。これを広げた月桃の葉の手前から18センチの場所に置き、葉を縦半分に折り脇も折り込み、茎をヒモ代わりにして縛る。「20センチでもなく15センチでもなく、18センチです」と玉城さん。「てーげー」沖縄にしては細かいが、なるほど18センチの場所に置いて包む

見事な月桃の葉っぱ。沖縄では「カーサ」と呼ばれる。

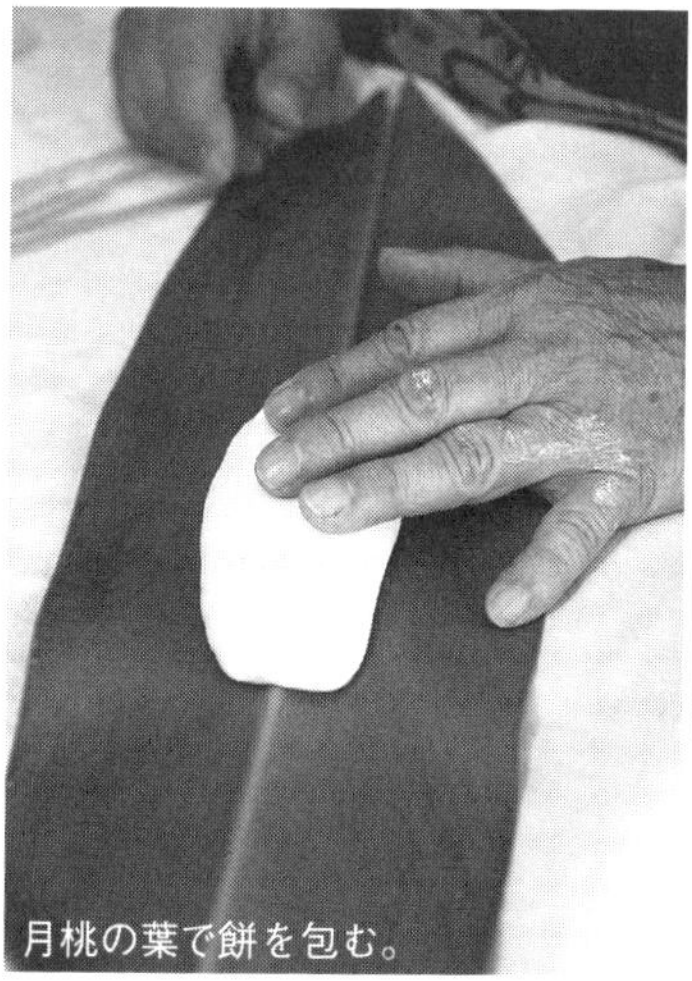
月桃の葉で餅を包む。

蒸した月桃の茎を、細く裂いてヒモにする。葉も茎も無駄なく使うところにも、昔の人の知恵がある。

特製の紅型エプロンと三角巾をつけ、生地をこねる筆者。右の男性はムーチー班の副班長・大城政春さん。

と、シックリと収まりがいい。そして月桃の葉で包むのは、香りがいいからだけではなく、抗菌作用もあるからだそうだ。

ひたすら包むが、そこは70個分。いくら包んでもなかなか終わらない。家庭でお母さんだけで包むのは、さぞかし大変では？「お父さんに手伝わせるサー」とご婦人のひとりがニヤリ。そして子どもも参加し、家族総出で作ることが多いそうだ。背中を丸めて生地をこねるお父さん、手伝う子どもたち。微笑ましい光景が見えてくる。

めでたく包み終わり、あとは蒸すこと35分。「休みましょうね」と玉城さんの号令がかかり、ようやく今度こそ休憩となった。

出来たてのムーチーに、今も昔も子どもが集まる

昔むかし、首里の金城に兄妹がいた。兄は大里の洞窟に暮らし、夜な夜な家畜や人間を襲う鬼のような者になってしまった。妹は兄を退治に向かい、鉄クギ（鉄の塊ともいわれる）を入れたムーチーを兄に食べさせ、海に蹴り落とした。その日は12月8日だった。

ムーチー伝説は、こんな風に沖縄全土に伝わっている。だが諸説あり「妹が兄に〈下の口〉を見せて退治した」というバージョンまである。妹は驚く兄に「上の口はムーチーを食べ、下の口は鬼を食べるのよ！」と言

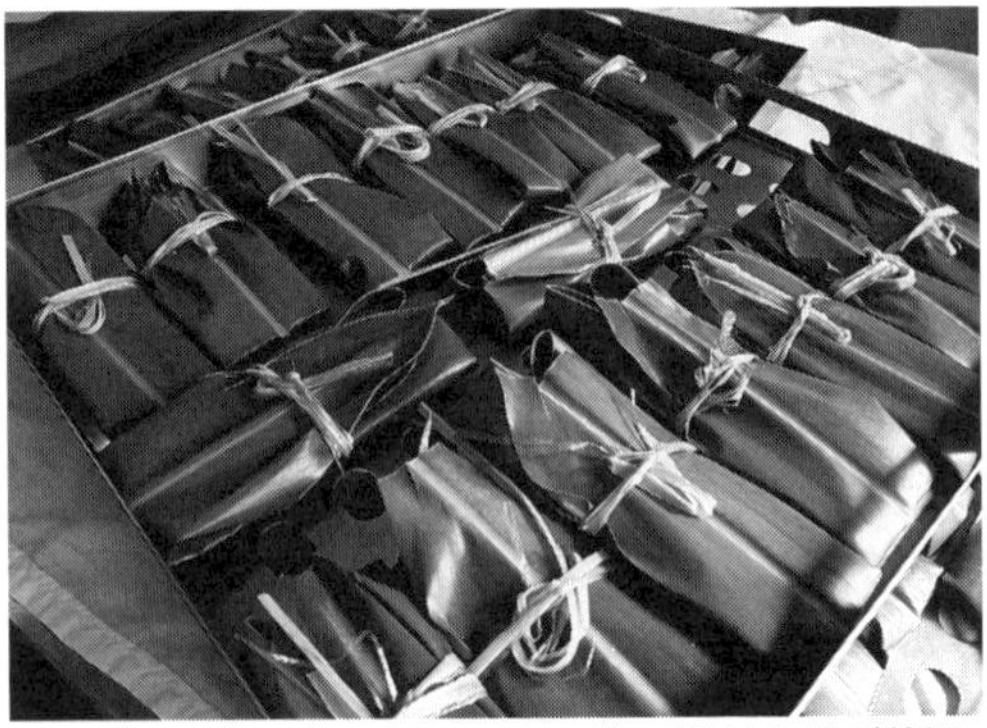

１つずつ丁寧に包んだムーチーが、ズラリと並び壮観。あとは蒸すだけ。

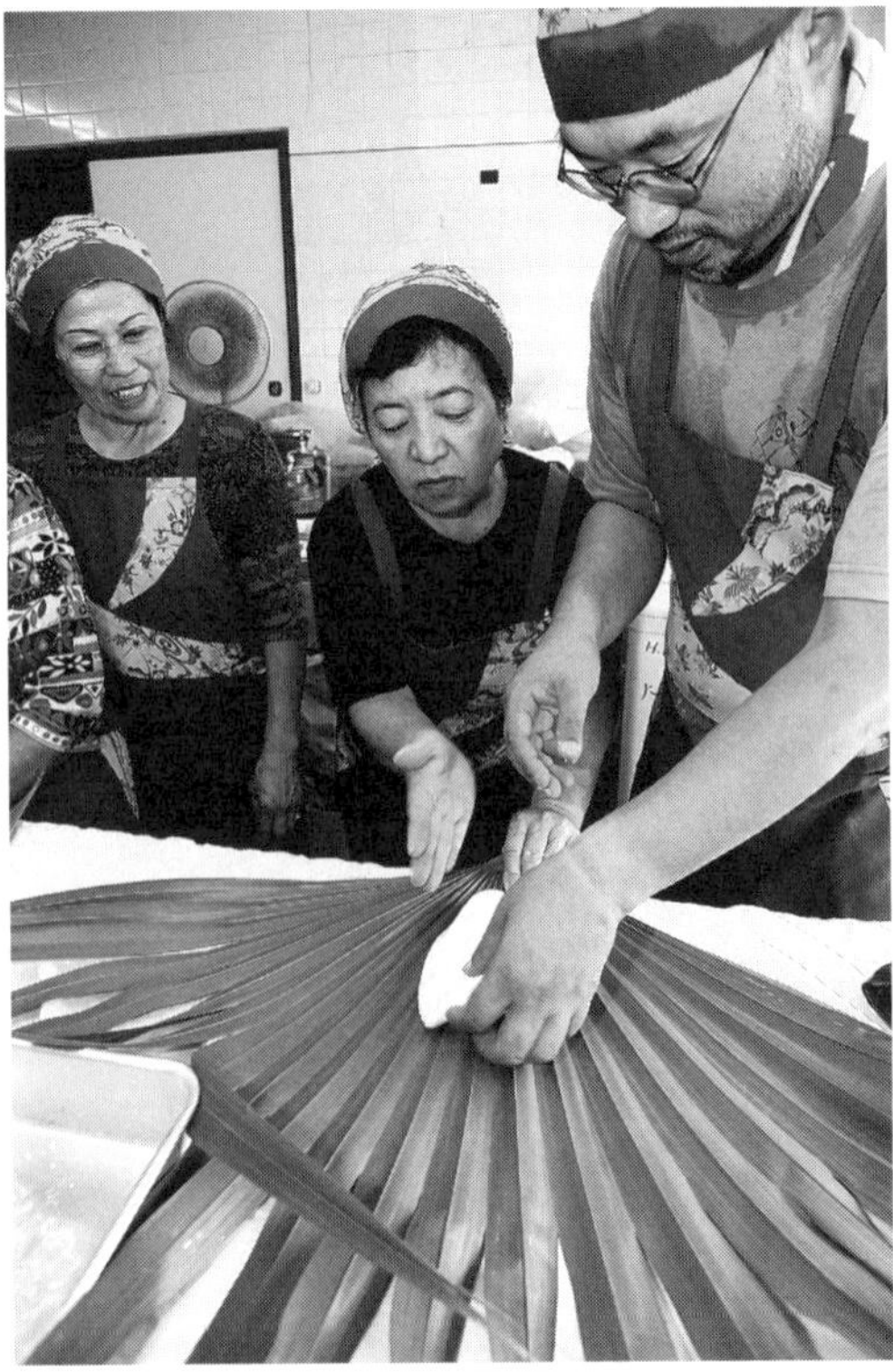

月桃の葉だけではなく、時には写真のように大きなクバの葉でもムーチーを包む。これは力（ちから）ムーチーといい、その年に子どもが生まれた家で作りご近所に配る。

い放ち、兄は驚きすぎて崖から落ちてしまったそうだが……。民話にしてはかなり強烈だが、大里では劇や紙芝居などで、その辺もサラリと子どもに伝えているという。変に隠すより健康的で、おおらかさが沖縄らしい。

ムーチー班の皆さんと一緒に。

「ムーチーの日が来るころは、沖縄も寒くてね。そのころの寒さを〈ムーチービーサー〉と呼びます」「寒いけど、ムーチーを食べられるのが楽しみで、ワクワクしましたね。昔はお菓子も乏しかったから、自分の年の数だけ天井からムーチーを吊るしてね」……ご婦人たちからムーチーの想い出話が、泉のようにあふれてくる。昔は餅粉など売っていなかったから、お母さんがもち米を粉に挽いて、それを子どもたちがこねて、などなど。食べ物が豊富になった今でも、ムーチーが蒸しあがると、子どもたちは大喜びで飛びつくという。健康の願いだけでなく、ムーチーは家族の温かさも一緒に伝えていくのだろう。

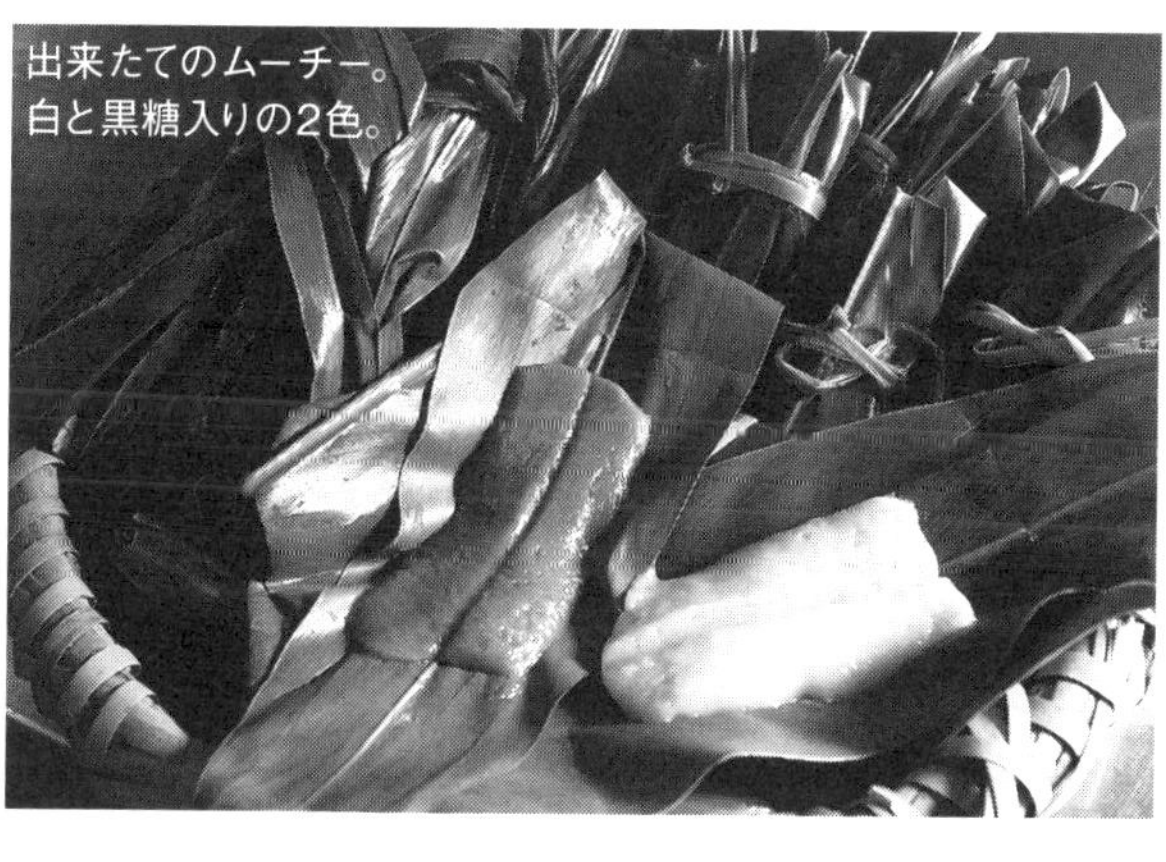

出来たてのムーチー。
白と黒糖入りの2色。

出来たてのムーチーにかぶりつく筆者。葉を外側に反らせ、剥がしながら食べるのがコツ。

35分が経ち、ムーチーは見事に蒸しあがった。月桃のいい香りに包まれ、葉を開くとツルンと艶やかなムーチーが現れる。一口かじると、口いっぱいに広がる甘い香り。

「アナタは美味しそうに食べるねー」

　とご婦人たちが僕を見て笑う。これではまるで子どもと一緒――でも熱々のムーチーが美味しくて、僕は食べる勢いを止めることができなかった。

●取材／2008年9月　●撮影／福田真己
●コーラルウェイ2008年11・12月号に掲載

取材こぼれ話
三時茶で、ちょっとひと休み

入門自体は大変ではなかったのですが、とにかく「下の口」伝承にビックリ！　ガラにもなく頬を赤らめましたが、皆さんがアッケラカンと話すので、逆に健康的だと思いました。本土でそういう民間伝承があっても、必死に隠して表現を変えるでしょうけど。

　この取材より前に、ムーチーは何度か食べたことがありましたが、正直どれもベタベタして食べにくかった。それが作りたてはツルンと滑らかで、こんなにも違うものかと思いました。保存もきくようですが、できれば出来たてを食べたいですね。1～2月の寒いころに沖縄を旅すると、スーパーの店先や花屋、文房具屋などでもムーチーを売っています。読者の皆さんも、そのころ沖縄を旅することがあれば、ぜひ食べてみてください。

豆腐作り

伝承
FILE No.16

沖縄の中でも、ひときわ美しい海に囲まれているのが宮古島だ。ここでは美ら海の恵みを利用して――つまり海水を使って、昔から豆腐が作られてきた。しかし少し前までは、どの集落にも手作りの豆腐屋があったそうだが、最近はさすがに手間をかけて豆腐を作る店は少ないという。

そんな流れに抗《あらが》い、生絞りの大豆を薪で炊き、ニガリの代わりに海水で固める昔ながらの製法で、今も豆腐を作り続ける店がある。島の中心部・平良市街の北に広がる、西原集落の「石嶺《いしみね》とうふ店」。伝統的な豆腐作りを習うべく、さっそく訪ねてみたのだが……そこには予想外の肉体労働と、史上最強の早起きが待ち受けていたのである。

神様に感謝しつつ…… 海水をいただく

西原集落の外れまで来ると、民家は途絶えてしまった。風にそよぐキビ畑。この先に、本当に豆腐屋が？

だがキビの葉が茂る向こうに一軒家が。「とうふ」の文字が見える。

この日は日曜日。訪ねたものの「石嶺とうふ店」は休みだったが、山村日出男さんと洋子さん夫婦が笑顔で迎えてくれた。

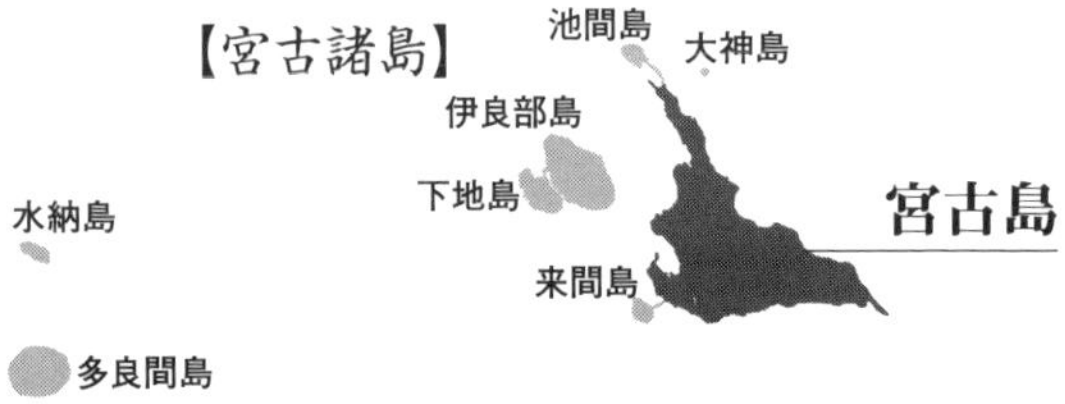

師匠

山村 日出男さん（写真右） 洋子さん（写真左）

ご主人の日出男さんは大分県出身で、神奈川県川崎市で大手電機メーカーに勤務していたとき、洋子さんと知り合い結婚。その後、洋子さんの故郷である宮古島に移り住み、洋子さんのお母さんが始めた「石嶺とうふ店」を1998（平成10）年に引き継いだ。「子どもたちにもっと、この豆腐を食べてほしい」と、小学校などで豆腐作りの実演講習も行っている。

「これから薪割りと海水汲みです」というので、軽い気持ちで手伝うことにした。まず薪割り。丸太の上に木材を縦に置き、手斧を振り下ろして半分に……割れない。人生で初めて薪を割るため、余計な力が入ってしまうのか、手元が定まらず大苦戦。ご夫婦も僕の、予想外に「役に立たない感じ」にあきれ顔。

いかん。次の海水汲みで挽回しなければ。と島の某海岸に向かうが……あれほど美しい宮古の海も、間近で海面を見ると意外に汚れている。「ここも汚れてきたなあ」と日出男さんも渋い表情。宮古は工場と山がないから、汚れた水が海に流れ込むことがない。湾がないので汚れがたまらない。だから豆腐作りに海水を使えるのだが……そ絶壁の突端で水汲み作業に挑戦！
豆腐作りは意外な体力仕事から始まった。

れでも島の人に言わせれば、汚れは年々進んでいるという。

場所を変えて島の北西部・西平安名崎《にしへんなざき》に着くと、見下ろす海はめでたく美しい。岸壁の上から、ロープを括りつけたバケツを海に投げ海水を汲み上げる……のだが、高い！　岸壁は海面から10ｍほど高さがあり、しかも柵など当然ない。手元と足元が狂って万が一海に落ちたら……！　足がすくんでしまう。見かねた日出男さんが、一段低い場所を見つけてくれて事なきを得たが、薪割りに続き役に立たない自分が恨めしい。せめて水を汲む力仕事だけは頑張らないと。20リットルのタンク9つ分の海水を汲み、車と岸壁を何往復もして車に運び、無事に海水は汲めたが早くもヘロヘロに疲れてしまった。

ここで日出男さん夫婦は岸壁にしゃがみ、目を閉じて手を合わせる。その先に浮かぶのは神の島・大神《おおがみ》島。

「海水をいただいたお礼よ」という洋子さんの言葉に、海の恵みで豆腐を作ることを実感する。

というわけで休日の作業は終わり（全然休日ではない）、明日は豆腐作り本番だ。日出男さんは僕に軽く言った。

「午前2時から始めますから」

ご、ごぜんにじ!?

丁寧な作業の積み重ねで、大豆が極上の豆腐になる

大鍋2つを交互に使い、鍋3つ分の豆腐を午前中に作る。しかも9時過ぎには常連のお客が豆腐を買いに来る。逆算して作業は午前2時スタート。「3鍋めから手伝ってくれればいいですよ」とお目こぼしいただき、午前4時に店に向かった（ね、眠い）。

水に浸けた大豆を洗い、豆すり機ですったものを絞り機にかけ、大豆をオカラと生豆乳に分離する。「最初の1年は手絞りで大変でしたよ」と日出男さん。初代店主である洋子さんのお母さんは、ほぼ40年にわたり手絞りで作ったそうで、「昔の人は偉かったなあ」という言葉に実感がこもる。

豆乳を大鍋に入れ、昨日割った薪をくべて炊く。この火加減が大切で、中火を保ち、かき混ぜない、焦がさない。火の管理を任

薪をくべて豆乳を炊く。沖縄の島豆腐は、焦げているものをよく見かけるが、焦がさないほうが風味がいいそうだ。というわけで、火加減は大切なポイント。薪の遠赤外線効果で均一に火が通り、美味しい豆腐ができる。

海水を入れるとすぐ、熱々フルフルのゆし豆腐が固まり始めた。大豆の甘みと海水のほのかな塩気で、しょう油や薬味なしでも美味しい。

海水を入れる直前に、湯葉を引き揚げる。この湯葉がコクのある絶品で、決まって湯葉を買いに来る「湯葉クラブ」なるファンもいるそうだ。

ゆし豆腐を木箱に詰めて蓋で押す。力を入れ過ぎると固い「男豆腐」になると言われ、それを上回る「巨漢豆腐」にならないよう、慎重に木箱を押す。

されて、ひたすら火加減を見守る……はずが、気がつくと紅蓮《ぐれん》の炎が！

慌てて薪を外して火を小さくすると、焦げなかったらしく一応ホッ。

そして湯気が立ち上り蓋を取ると、大豆の香りがフワリと広がった。

甘く濃厚な香り。大豆とはこんなにも、芳醇な香りを放つものか。

「島に戻ってこの匂いをかいだとき思ったわけ。この豆腐をなくしちゃいけないいってね」と洋子さんが言う。


続いて玉じゃくしで泡(アク)を丁寧に取り、湯葉を引き揚げたら、いよいよ海水を入れる。手桶に海水を汲んで静かに流し入れ、かき混ぜずに（これが大事）見守るなか、豆乳がみるみる固まりゆし豆腐ができていく。これを玉じゃくしですくい木箱に詰め、木蓋を乗せてギューッと押して水を切る。何回も繰り返すと、大鍋いっぱいのゆし豆腐が、たった2つの木箱に納まった。

あとは重石を乗せて2時間待てば完成だ。そして最後の作業、鍋磨き。鏡のようにピカピカに磨きあげると、時刻はもう午前9時になろうとしていた。

洋子さんのお母さんが店を始めたのは昭和39年。当時は集落に15軒ほど豆腐屋があった。祝いの席には揚げ豆腐が欠かせず、結婚式や新

最後の作業、鍋磨きも丁寧に。洗剤は使わず、黒蝶貝の貝殻で焦げつきをこそげ取り、タワシでピカピカになるまでこする。

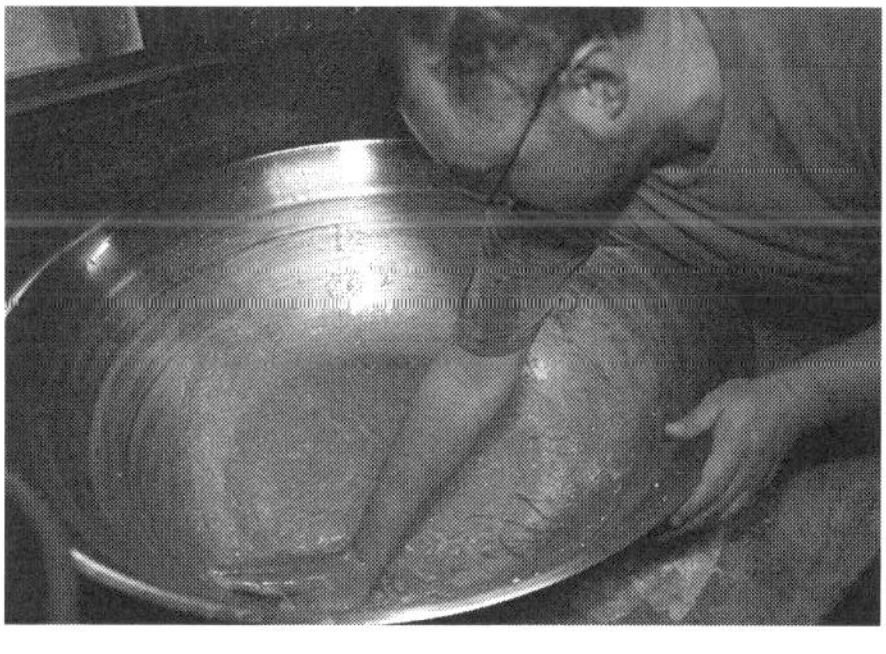

豆腐完成！　ニガリで固める豆腐は、アク抜きのため水にさらすが、海水で作る豆腐にその必要はない。だから出来立てはアチコーコー(熱々)。

築祝いがあると店に注文が入り、お母さんは豆腐作りに追われていたそうだ。

だが時代の流れとともに食習慣は変わり、豆腐を食べない家も増えた。今では西原集落に、豆腐屋は2軒しかない。

そんな様子を見て洋子さんは「この豆腐をなくしてはいけない」と強く思うようになった。日出男さんが大企業で仕事に忙殺され、残業が月200時間を超え笑顔が消え……そんな状況も宮古島に移り住む背中を押した。

2時間が経ち、洋子さんが木箱から豆腐を出す。それは驚くほど大きく、白く艶やか。一口頬張ると、大豆の風味が口いっぱいに広がり、鼻先からフワリと抜けていく。そして濃厚なコク。こんな豆腐は初めてだ。

美味しさにつられて、もう一口、また一口。食べるごとに、一丁の豆腐に詰まった「大切なこと」が、伝わってきて止まらなかった。

ズラリ並んだ島豆腐に揚げ豆腐、湯葉にゆし豆腐。カップの中は豆乳。豆腐1丁が大きくて、一般的に見かけるサイズのほぼ倍！

●取材／2009年3月　●撮影／福田真己
●コーラルウェイ2009年5・6月号に掲載

取材こぼれ話　三時茶で、ちょっとひと休み

薪割りで手がしびれ、海水汲みで足がすくみ、そして午前4時から（本当は2時から）眠い目をこすりつつ作業。豆腐作りは体力的にはラクだろうと思っていたのに、1日手伝っただけで、もう倒れそうでした。

出来上がった豆腐を「東京まで持って帰ってください」といわれたのは、沖縄ではよくある話なので想定の範囲内。ただし、出来立て熱々の豆乳をひとり分1リットル、ビニール袋に入れて輪ゴムで留めて「ハイ」と渡されたときは、取材チーム一同目が点になりました。当然こぼさず東京まで持ち帰る自信はなく、宮古空港に向かう途中で「メイクマン」を見つけ、急遽タッパーを買ったのを覚えています。

伝承
FILE No.17

沖縄そば打ち

沖縄そばの発祥は、琉球時代に中国から伝来した小麦の麺だといわれている。中国では小麦粉に「かんすい」を加えて麺にしたが、琉球の先人たちは、木を燃やした灰を溶かした水の上澄み「灰水《フェーミジ》」が同じ役割をすると気づき、これを使って麺を作るようになった。

沖縄そばは今や、観光客にも大人気のローカルフード。そば屋が増え、1日に数百食を出す店もある一方で、麺を手打ちする店は少なくなっているという。そんな中で、今も王朝時代の作り方を守る一軒が、首里の「御殿山《うどぅんやま》」。昔ながらのそば打ちを習うべく、店が開く前の早朝にお邪魔した。

こねて茹でて飛ばす！ 朝のそば打ちは大忙し

首里、といっても訪ねたのは、首里城から少し離れた住宅地・石嶺《いしみね》。その高台に、沖縄そば屋「御殿山」は佇んでいる。築160年、赤瓦屋根が歴史を物語る一軒家。店は11時半に開くが、逆算して作業は7時半に始まると聞き、夜明け早々にお邪魔した。辺りは静かで、街景色を見下ろしつつボケーッ……。

「お水汲んできて！」

うわおっ！ 師匠・大城利恵子さんの号令に飛び上がり、そば打ちは突然パワフルに始まった。まずはカメ

師匠

大城 利恵子さん(右) **知念 美都子《みとこ》さん**(左)

美都子さんは店のオーナー・知念博さんの奥さんで、利恵子さんはそのお姉さん。利恵子さんが三女で美都子さんは五女(!)。試行錯誤の末、16年がかりで完成させた「御殿山」のそば作りを細腕に担い、早朝からそばを打つ頼もしいアンマー(お母さん)なのだ。「手打ちそばを長く続けるコツ? あまり張り切らないことね。張り切り過ぎると息切れしちゃうわよ!」(利恵子さん)

▲敷地の一角にガジュマルの木がストックされていた。これを燃やして灰水を作るのだ。

◀カメに溜めた灰水汲みから作業開始。

に溜めた灰水を汲む。オーナーの知念博さんが、丹精こめて作った灰水。樫やシイなど固めの広葉樹林が適するそうで、沖縄ではもっぱらガジュマルが使われる。家の建て替えで切り倒した樹木や、学校で校庭の木から枝打ちした枝を集め、半年かけて天日で乾燥させ水分を抜く。それを燃やした灰を水に溶かして寝かせ、上澄みに自然塩を加えて、やっと完成した灰水なのだ。こぼさないよう運び、小麦粉に混ぜ生地にしていく。

　中国で麺作りに使う「かんすい」は、高価な代物。だが灰水が同じ強アルカリ性で、同様の作用があると、昔の沖縄の人は気づいたというから凄い。灰水は沖縄で脈々と受け継がれる、知恵と工夫の産物なのである。

▲小麦粉は強力粉を使用。灰水を混ぜるとモチモチになり、手でこねるのは大変なので足で踏む。だが踏みすぎるとグルテンが多すぎて固くなるので注意が必要なのだが……。「重いよー、助けてー」と生地が悲鳴を上げているとも知らず、全体重で踏み込む筆者。

▼小麦粉は「かんすい」のようにアルカリ性の水分を加えると、コシと滑らかさの元になるグルテンが生成される。灰水を加えても同様の効果があると発見した、琉球の先人たちは偉い！　と敬意を表しつつ生地をこねる。
ダマが残らないよう、手のひらですり潰しながら、粉をこねる。

生地がまとまったらビニールシートをかぶせ、足で踏む！　ウドン作りのようだが、ウドンを踏むのはグルテンの力を引き出して、麺をモチモチにするため。沖縄そばの場合はむしろ、グルテンを出し過ぎないよう、慎重に踏む。ということは……軽い人が踏むほうが、塩梅しやすいわけで――。

「重いと麺が固くなるのよー」と、利恵子さんが僕の巨体（当時95kg）を見つめ心配そうだ。体重が乗りすぎないよう、リズミカルに踏んでみるが、さあどうだ⁉

「かったいねー！」僕が踏んだ生地を触り、利恵子さん爆笑！　そば作りにはダイエットが必要なのだ。踏み終えた生地を半円形にまとめ1時間休ませる。続いてすでに1時間寝かせた生地を3等分に切り、製麺機に通して平たく延ばす。「霜降りの模様があるでしょう」と美都子さんが言う通り、切り分けた断面に模様が。粉に水分が混ざると霜降りになり、そばになったときスープがよく絡むのだ（美味しさの秘密①）。

4～5回製麺機に通し、平たい長方形に整える。続いて製麺機に歯を装着し生地を通すと……麺がどんどん出てくる！　麺はまっすぐで、すぐ手で揉み縮れさせる。するとスープがさらによく絡む（美味しさの秘密②）。

揉んだ麺を熱湯で茹で、取手付きのザルにすくい上げ、湯をチャッチャと切り気分は行列ができるラーメン屋……と余計なことを考えつつ麺に油をまぶす。ここで利恵子さんから意外な指示が。

麺の太さは2.7ミリ、手早くもんでチリチリにする。全ての作業がスピード勝負。

「飛ばして！」

と、飛ばす？　言われるまま隣の作業台めがけて麺をビューン！　そこに扇風機の風を当て水分を抜く。油でしめて風味を閉じ込め、食べる直前に茹でて油を落とすと、スープが麺にさらによく絡むのだ（美味しさの秘密③）。

冷やした麺を１８０ｇずつ量って仕分けしたら、ここで麺を湯がく。やがて漂い出すいい香り。「かんすい」を使った麺は、ここで「かんすい」臭さが漂うそうだが、もちろんそんな香りはしない。そういえば今日は、朝飯抜きでここに来ていた。腹が鳴る。

湯がいた麺を、湯で温めた器に入れてダシを注ぎ、豚三枚肉とネギの小口切り、紅しょうがを乗せて……一杯の沖縄そばがめでたく完成。店はまだ開店前だが、庭先のテーブルで、一足お先に試食！

もっちもちだ！　コシの強さ（僕の体重のせいで強すぎ？）と滑らかな喉越しにビックリ。噛みごたえがある麺に、豚とカツオと昆布が三位一体となったスープがよく絡み、ズズズとすすり出したら止まらない！

ここで座敷からペンペンと三線の音色。奏者は博さん。灰水担当の博さんは、この時間はお役御免なのだ。

数分前までの忙しさが嘘のよう。店の古い佇まいと三線の音色、そこに手打ちそばの風味が重なり、琉球の風が吹くのを感じた。

扇風機で冷ました麺を、1杯分180グラムずつ量り小分けにしておく。この準備のおかげで、注文が入ると最短時間で、お客さんにそばを出せる。

手打ち麺の1本1本に沖縄の自然と知恵が

県内に沖縄そば屋の大半が、今では「かんすい」を加えた工場生産の麺を使う。便利だが、化学薬品の匂いがすると敬遠する人も多い。灰水を使うそば作りは、樹木集めに始まり比べ物にならない手間がかかるが、そうしてできたそばは沖縄の自然が生み出す風味に満ちている。

「このそば作りは無駄がないんだよ」と博さんが言う。灰水の沈殿物は焼き物の釉薬（ゆうやく）となり、「御殿山」ではこれを使い焼いた器にそばを盛り、お客さんに供す。自然の恵みを取り入れ、無駄なく使いきる——そばの湯気の向こうに知恵が垣間見える。

「そばを中心に何もかも周るんです」という博さんの言葉が、豊かな風味と混じり合い、からだの隅々まで染み渡る思いがした。

スープをズズイと飲み干すと、開店時刻の午前11時半。仕込みも終わり、利恵子さんたちもヤレヤレという表情だが、早くもお客さんがやって来る。「御殿山」の1日はここからが本番、博さんの三線の音色に乗せて、本日の営業はつつがなく始まるのだった。

取材／2010年2月　●撮影／福田真己　●コーラルウェイ2010年5・6月号に掲載

豚三枚肉と紅ショウガ、ネギをトッピングして完成！　自分がこねて踏んで投げて作った沖縄そばの味に大満足！

●琉球古来すば御殿山
那覇市首里石嶺町1-121-2
TEL098-885-5498
営業11:30〜16:00　月曜定休

利恵子さんと美都子さん、そして利恵子さんの娘の平良志乃さんほか、厨房を切り盛りするのは女性ばかり。

取材こぼれ話

三時茶で、ちょっとひと休み

そば打ち入門なのに、師匠が女性なので、最初は意外に思いました。本土の日本そば打ちは断然、男の領分。ウンチクを語る人も多く、個人的には少々辟易してしまいますが……沖縄そばの大きな特徴のひとつは「女性のそば打ち」が多いことだと思います。

戦争で壊滅した沖縄の街は、そば屋が並び復興しました。夫を戦争で亡くした女性が、米軍配給の小麦粉を使い、そば屋を営み生計を支えた事例も多かったそうです。そば打ち技術も女性から女性に受け継がれて、そのせいか今も、沖縄では女性が切り盛りするそば屋を数多く見かけます。

「女性が打つそば屋」は、戦後沖縄の復興を今に伝える風景のひとつなのかもしれませんね。

琉球料理を作る

（中身の吸物、クーブイリチー）

伝承
FILE No.18

豚の大腸、小腸、胃など内臓類を、沖縄では「中身」と呼ぶ。これを使った「中身の吸物」と、そして細切り昆布を炒めて煮込む「クーブイリチー」は、いずれもお祝いには欠かせない沖縄の伝統的な家庭料理だ。だが二品とも調理に手間がかかるため、最近は家庭であまり作らなくなっているそうだ。

本土で内臓料理といえば、飲み屋街のホルモン焼きが思い浮かぶが、沖縄の中身の吸物は上品なもてなし料理。昆布も本土では、ダシを取ったら捨ててしまうことが多いが、沖縄ではしっかり調理してたくさん食べる。二品とも、食材を上手に食べる知恵が詰まっているだけに、調理法を受け継がなければもったいない。伝統的な沖縄料理を習うべく、名門料理学校にいざ「1日入学」の巻。

もんで洗って茹でて、中身の処理はもう大変！

牧志公設市場の肉屋で、松本料理学院の学院長・松本嘉代子先生と待ち合わせ（凄い場所で待ち合わせだ！）。料理入門は食材の買い物から始まった。そして店先には山盛りの「特選中身／大腸・小腸」が！　手馴れた様子で買い求める先生。勝手がわからず、せめて買った中身の袋を受け取り、荷物持ちからお手伝いする。

「昔は中身もナマのまま売っていたから、売り場も通れないほど、大変な匂いでしたよ」と松本先生。昔の家

那覇の公設市場で、下茹で済みの中身（大腸、小腸、胃など）を吟味する松本先生

琉球料理にかかせない紅白かまぼこ。底に板がついておらず、大きさが本土のものの1.5倍ほどもある。

庭では、ナマの中身を芭蕉の茎についている皮と一緒に、バーキと呼ばれるカゴに入れ、足で踏みつけて臭みを消したそうだ。今はナマから調理する人は皆無に近いそうで、下茹でしたものを売っていて「便利な時代になりました」と先生が笑う。コンニャクも昆布も、すでに刻んだものが売られていて、昔に比べて調理はラクになっているはずだが……それでも手作りする人は減っている。世の中が便利になりすぎた――そういうことだろうか。

買い物を終えて松本料理学院に着くと、実習室で早速入門は始まった！

まずは中身の吸物作りからスタート！　中身の汚れや余分な脂を落とすため、小麦粉を振り「洗濯するように」もみ洗いをくり返し、シコシコするま

水で濡らした中身に小麦粉をまぶし、体重をかけてもむ。ほどなく内臓特有の匂いがプーンと漂いだし、小麦粉と一緒に中身の汚れが落ちているのを実感。

油で炒めた中身を茹でこぼす。もうそろそろいいかな？…と思ったところに先生から「まだよ、まだまだ」の一言。茹で湯が濁らなくなるまでくり返す。さらに短冊切りした後も…。

で行う。だが手触りがブニャブニャして扱いにくい。コワゴワもんでいると「優しすぎます。手のひらを使って、こう！」と先生がチャッチャともむ。力強さに圧倒されつつ、僕もひたすらもむ。

たっぷりもんで水洗い、再び小麦粉を振ってもんで……これを3回繰り返したら油で炒めて臭みを飛ばし、熱湯で茹でる。脂と汚れが流れ出し、湯が白く濁ったらこぼして新しい湯でまた茹でて……手間がかかるなあ！

「ナマの処理は、もっと大変でしたよ」

と先生がケラケラ笑う。ナマはとにかく匂いが強烈で、足で踏む以外になんと、洗濯機で回す(!)家庭もあったそうだ。

中身の処理が一段落して、お次はクーブイリチーに取りかかる。油を熱した中華鍋に、醤油を入れてジャーっと焼き（この作り方は松本先生の

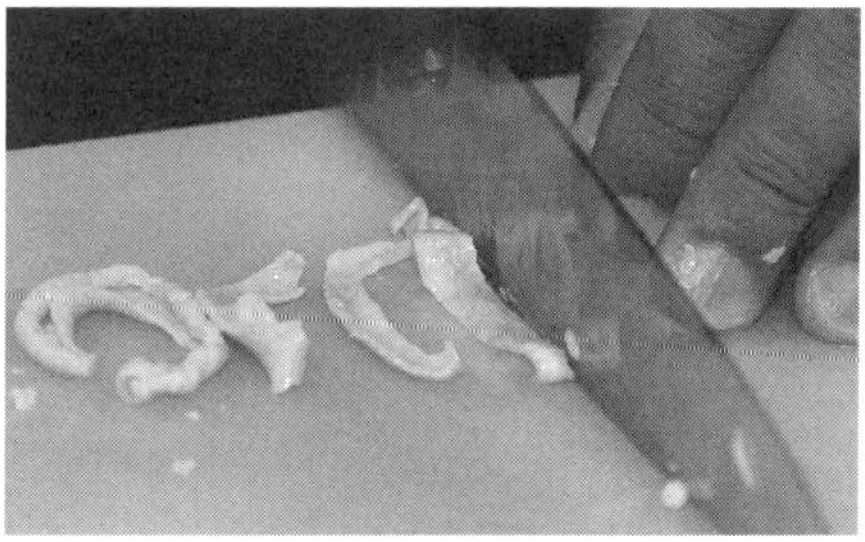

お吸物用の大量の中身に続いて、クーブイリチー用のコンニャクと豚三枚肉を丁寧に短冊切り。

ダシをとる削り鰹は、驚くほどたっぷり使う。伝統的な沖縄料理の味付けはダシが基本で、調味料はあまり使わない。黄金色に輝くダシ汁の、なんと美しいこと。「これが沖縄の贅沢ですよ」という先生の言葉に、思わず納得した。

オリジナル）、砂糖を加えて煮立たせ、短冊に切った豚三枚肉を加え味を染み込ませる。三枚肉は一旦取り出しておく。同じ鍋に油を加えて熱し、水に浸けておいた山盛りの切り昆布を投入。しばらく炒めてダシ汁を鍋肌から回し入れ、煮詰まったらまた回し入れ、昆布が軟らかくなるまでくり返し、ダシを昆布にじっくり染み込ませる。じっくりと。これまた手間がかかる。

再び中身の吸物。中身の茹で汁が濁らなくなり下処理完了……と思ったら、続いて中身の一片ずつを短冊に切る。本日の中身、大量６００グラム！　シコシコとひたすら切るが……いくら切っても終わらない！

「おもてなしなの。細かく切れば臓物だとわからなくなるのよ」という先生の言葉に、思わず納得。切ることで、見た目の「臓物っぽさ」がなくなるのだ。黙々と切る――全部切った！　だがすかさず「こちらも切りましょうね」と次の指汁が飛び、今度はクーブイリチー用のコンニャクの短冊切り。短冊短冊！　こんなに短冊切りをするのは生まれて初めてだ。そして切り終わった中身は再び熱湯で茹でこぼし、切り口から出る余分な脂を落とす。果てしない作業。料理はいつ完成するのか？

それでも昆布にダシが染みわたり、三枚肉とコンニャクを加えクーブイリチーがまず完成！　茹でこぼした中身とシイタケを、煮立てたダシに入れて塩と醤油を加え弱火で10分。中身の吸物もやっと出来上がった。

料理開始から3時間！「できた」とつぶやきながら、全身の力が抜けるのを感じた。

油を熱した中華鍋で醤油を焼き砂糖を加え、短冊に切った豚三枚肉をからめ味を染み込ませる（先生のオリジナル）。この豚肉を昆布に混ぜると、豚の旨みで「味クーター（濃厚な味）」なクーブイリチーができ上がる。ちなみに「クーブ」は「昆布」、「イリチー」は「炒め煮」を意味する。

家庭料理が伝えていく、たくさんの「大切なこと」

「からだで琉球料理を覚えている人が減りましたね」と、先生は複雑な表情で言った。最近の沖縄では、この二品をはじめ、手間のかかる伝統料理を作らない家庭が増えている。その影響か、昆布の県民一人あたりの消

師匠

松本　嘉代子さん

沖縄を代表する料理学校・松本料理学院の学院長。昭和44年の開校以来、伝統的な沖縄家庭料理、行事料理の普及と伝承に努めている。「料理は心のふれあいです。沖縄の料理のことを、本土でももっともっと知っていただけると嬉しいですね」（松本先生）。

費量も、以前は沖縄県が全国1位だったのに順位は下がってしまった。

でも本日の二品をはじめ、家庭料理から受け継ぐことは実に多い。豚は昔の沖縄では、正月や行事で食べる特別なご馳走だったので、クセの強い中身も丁寧に処理して無駄なく食べきった。そこには沖縄の料理の知恵と、食材を無駄にしない感謝の気持ちがある。また栄養豊かな昆布を大量に食べる料理法と、ダシをしっかりとった塩分控えめの味付けも、食事で健康になるための知恵にほかならない。

そして何よりも、手間をかけて作った料理は愛情がいっぱい。手作り料理が並ぶ食卓を囲み一家団らん……家庭料理はそんな暖かい光景も、一緒に伝えていくのだ。便利だが味気ない食事

●松本料理学院 ☎098-861-0763　琉球料理科、家庭料理科などのクラスで伝統家庭料理を伝授している。本土からの修学旅行の子どもたちに、体験学習で教えることも。

が増えた今だからこそ、昔ながらの料理の良さをもう一度見直したい。

お待ちかねの試食タイム、まずはクーブイリチーをひと口。三枚肉の旨みもしみて、白いご飯との相性も抜群だ。続いて中身の吸物をズズイとすすると、ダシと中身の風味がフワッと広がった。これが本当に臓物？　上品な味わいが、高級料亭の懐石料理を思わせる。

「お味はいかが？」

湯気の向こうで先生が微笑んでいて、ふと実家を思い出す。優しい味わいと重なって、実習室にいることを忘れ「これぞ家庭料理」だと思わずにいられなかった。

漆塗りの器に盛り付けて、中身の吸物（手前）とクーブイリチー（奥）が完成。「汚れを除いた」中身と、「細く長く」切った昆布は、沖縄では縁起物。二品とも正月ほか祝いの膳に欠かせない。

●取材／2010年7月　●撮影／福田真己
●コーラルウェイ2010年9・10月号に掲載

取材こぼれ話　三時茶で、ちょっとひと休み

取材前にハプニングが。いつも同行する編集者が足を骨折してしまい、なんとコーラルウェイ編集長御大じきじきにご同行いただくことに。松本先生も沖縄料理界では重鎮なので、先生がふたりいる気分で緊張しました。

いっぽうの先生も、僕の大きさに驚いていました。料理学院の生徒さんは女性が中心、取材もきっと女性が来るのが普通なのでしょう。僕は普段から料理をしますが、女性向けなのか調理台や流しの高さが低くて、腰が疲れたのを覚えています。

内臓料理というと、本土じゃガード下で焼酎片手に、煮込みや串焼きを食べるイメージですが……。きちんと作る中身の吸物は、懐石料理を思わせる品の良さで、琉球料理の奥深さを実感しましたね。

スツウプナカのカマボコ作り

伝承
FILE No.19

沖縄では多くの島や集落で、今期の五穀豊穣を神様に感謝し、来期の豊作を願い豊年祭が行われる。その内容は祭りごとにさまざまだが、中でも際立って独特の儀式や作法を継承するのが、多良間島の豊年祭「スツウプナカ」だ。

多良間島は、石垣島と宮古島のほぼ中間に浮かぶ平たい島。観光とはおよそ無縁なこの島で、祭りに向けて伝統的なカマボコ作りが行われると聞き、僕は取材兼手伝いのため島に向かった。料理の手伝いなら、そう大変なことはないだろうと正直甘く見ていたのだが……そこには史上最大の試練が待っていたのである。

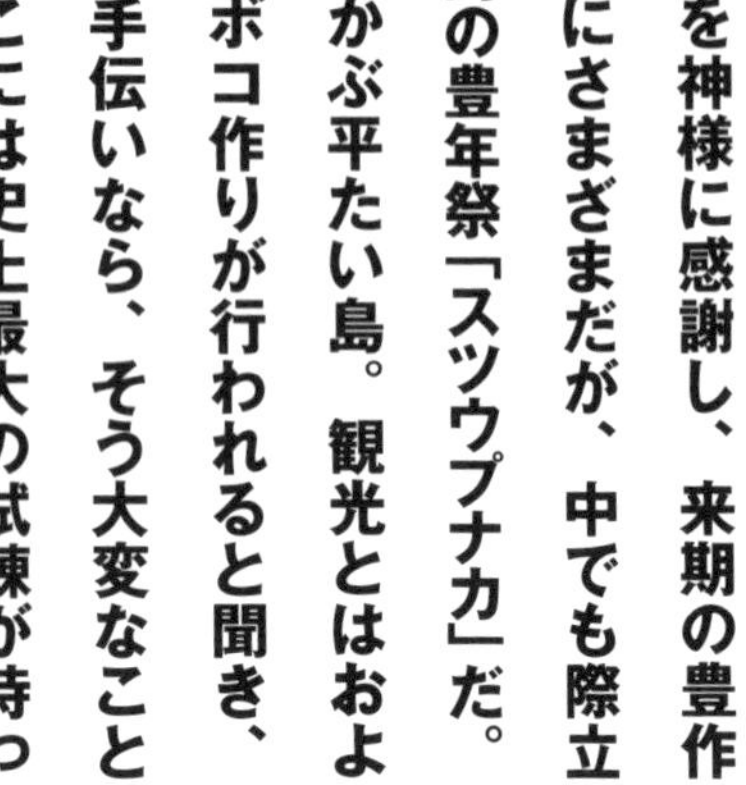

大量の魚を下ろして搗《つ》いて……カマボコ作りは肉体労働だ！

2007年6月27日、旧暦の壬辰（みずのえたつ）。作業場では男たちが。黙々と魚をさばいている。日差しが容赦なく降り注ぐ。

「はいコレ」師匠・豊見山登さんが僕に包丁を渡す。そして目の前に、青ペンキ色のブダイがゴロンと置かれた。「僕、魚を下ろすのは……」「いいよ、始めようね」——人手が足りないらしい。挨拶もそこそこに僕は包丁を握ると、ブダイの三枚下ろしに取りかかった。

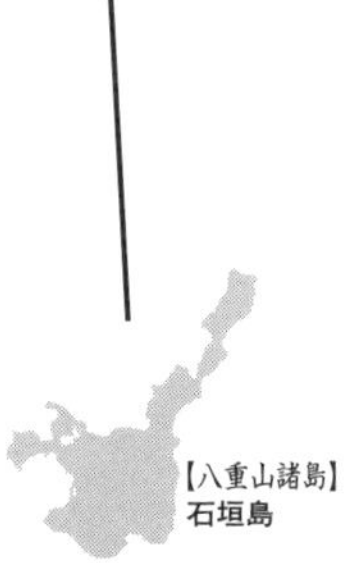

島の皆さんに混ざって、魚を次々にさばく。いくらさばいても、すぐ次の魚が届き、手を休めるヒマはない。

作業場には男しかいない。スツウプナカの準備は、男だけで行うのだ。島には4つの祭事場があり、それぞれに魚を捕る「イム座」、料理を作る「クバン座」、お神酒を作る「ブシャ座」、神歌「ニイリ」を歌う「ウイピト座」、接待係の「カンジン座」がある。島の男たちは必ずどこかの「座」に配属され、祭りの準備は全員参加で行う。そして僕が派遣されたクバン座で、最大の仕事がカマボコ作り。赤く色づけしたカマボコは、祭りに欠かせない縁起物で、これを一から作るのだ。

グズ、グズグズ。大きなブダイをきれいな三枚に下ろせず、中骨に大量の身が残ってしまう。手伝いどころか足手まといだ。だが「いいさいいさ」と隣のオジさんが声をかけてくれた。多良間の男性は、いかつい顔つきで一見怖いが、実は優しいのだ。

魚が少し減った、と思ったらイム座の軽ト

色とりどりの魚が届く。大きいものから、金魚サイズの小魚まで、島周辺の魚を全部捕ってしまいそうな大漁ぶり。

テリハボクの木をくりぬいて作った臼に下ろした身を入れて、杵で何度もつく。見かけの印象より遥かに重労働。

ラックが魚を届けに来た。その量60kg！　イム座の男たちは祭りの一週間前から浜に泊まり込み、魚を捕りつくす。１つのクバン座でさばく魚は３００kgを超えるという。というわけで中骨に残った身を気にする暇もなく、山積みの魚をゾリゾリと下ろし続ける。

「今度はこっち、やってもらおうかね」

そう言って豊見山さんが、僕の目の前にドンと置いたのは、臼と杵。下ろした魚の身を搗いてミンチにするのだ。臼に身をドサッと２kgほど入れ、杵を両手で振り下ろす！

ボスン、ズボボ、ズボボボ。

魚の身に杵がいったんハマると、引き抜くのにも力が要る。数回搗《つ》いただけで手のひらが赤く腫れるが、搗くしかない。そして次第に、身がきめ細かいミンチになっていく。

だが師匠・豊見山さんがミンチをひとつかみ、そして「まだダメだね。これじゃ身が割れちゃうよ」と厳しい一言。

「杵が臼の底に付くまで搗かないと」とも言われるが、かなり力を込めても、杵が底まで届かない。一振りごとに腰を浮かし、全体重を杵に乗せてエイヤーッとミンチを搗く。魚は

師匠

豊《と》見《み》山《やま》　登さん（写真左）

祭りのために分けられた各「座」の長は「一長（いっちょう）」と呼ばれ、豊見山さんは今回お世話になったクバン座の一長。本職は大工だが、この一長をもう20年も務め、穏やかな人柄でクバン座の男性陣をまとめている。赤いニッカーボッカーがよくお似合い。

３００kg、なのに２kgのミンチができない。ゴールが遠く、暑さが重なってめまいを覚える。

それでもボスン、ズボボを１００回以上繰り返し、ミンチを手にとるとフンワリ、スポンジのように柔らかい。「もういいねー」と豊見山さんのＯＫも出て、１回目のミンチ完成。だが魚は山ほどある。新たな身を臼に入れて再び一から搗いて……根気との戦いだ。

搗き上がったミンチを筒状にまとめ、大鍋にグラグラ沸かした湯に入れる。ゆっくりと浮き上がれば、火が通った証拠。あとは赤く色をつければ完成だ。

「色づけは明日でいいよー」と豊見山さんが言う。

気がつけばもう夕方、とりあえず魚の三枚下ろしは全て終わったらしい。我ながらよく頑張った……と一服する。だがここで。

再びイム座の車が来る。まさか?

「ハイこれで最後。ヨロシクねー」

なんと新たに55kgの魚が届く。五穀豊穣の願いは、そう簡単には叶わないということか。僕は気力を奮い、再び包丁を握った。

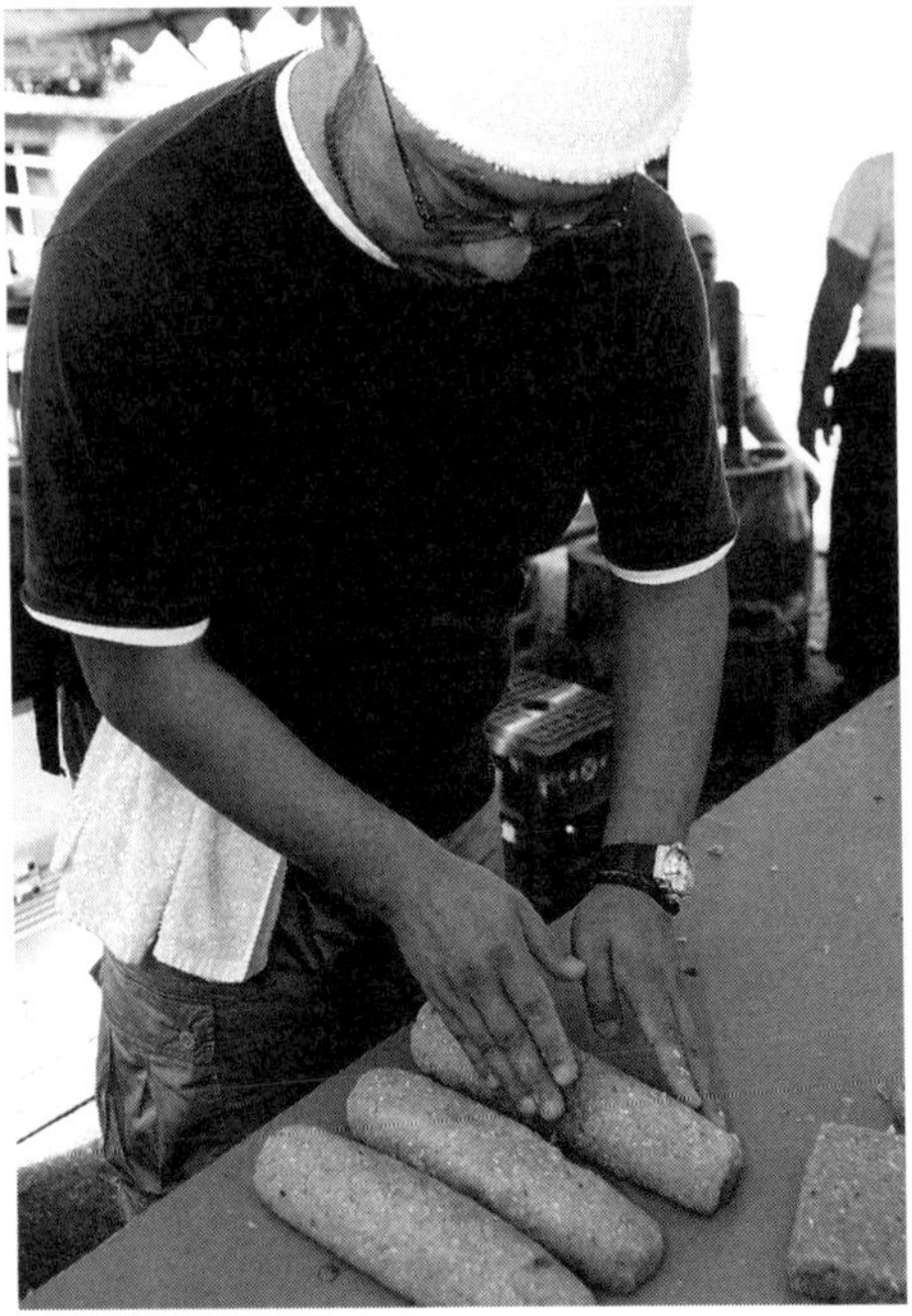

カマボコを筒状に整える。ヒビが入らないよう丁寧に。これを茹でて色をつければ完成だ。

そして祭り本番……神様の存在を感じた瞬間

「多良間は役割を分担して、協力する島だから」と豊見山さんは言う。小さな島だから、作物が実らなければ、島の存続自体が危なくなる。だから全員参加で豊作を願い、五穀豊穣を確実に呼び寄せなければならない

200個以上の折詰のためには、大量のカマボコも必要だ。料理作りは男たちが総出で行う大変な作業なのだ。それだけに、島人の結束もより強くなるのだろう。

ぎっしりと料理を詰める。

のだ。

「若い者も祭りのときは帰ってきて、準備に参加して、この島に生まれた意味を感じてほしい」豊見山さんほかクバン座の皆さんは、そう声をそろえた。

一夜明け6月28日、癸巳（みずのとみ）。朝6時に作業場に行くと……あれ、カマボコに色がついている。豊見山さんがもう来ていて「早起きしてやったサー」と言うではないか。申し訳ない！　せめてここから先の作業を頑張らなければ。料理を折箱に詰め、新聞紙でくるむこと200個以上！　これを祭場に届ければ任務完了だ。「ツカサ（人々の願いを神様に届ける神職の女性）が来るから見ておいで」と豊見山さんに言われて、祭事場のひとつ「フダヤー宗根（そね）」に向かった。

ツカサの到着が遅れ、待つこと30分。「来たよー」と声がし

お世話になったクバン座の皆さんと、最後は一緒に記念撮影。

完成したカマボコ。丸形に棒形など形もいろいろ。

て思わず振り向くと――。

白い衣装に身を包んだ女性が数人、集落の辻を滑るように進んでくる。まるで地面スレスレに浮いているかのようで、歩いている感じがしない。そこだけが霧に包まれているようにぼやけて見え、神々しさに足が震える。

ツカサの皆さんは祭事場に到着すると、それぞれ決められた席に座った。その前には、さっき届けたばかりの料理の折り詰め。その中には、僕が作ったカマボコが！

……なんてこの神聖な場で、どうして言えようか。島の豊作祈願に、自分も微力ながら協力した――そんな充実感をかみ締めつつ、僕はツカサの皆さんがカマボコを口にする瞬間を見逃すまいと、目を凝らした。

●取材／2007年6月　●撮影／福田真己
●コーラルウェイ2008年5・6月号に掲載

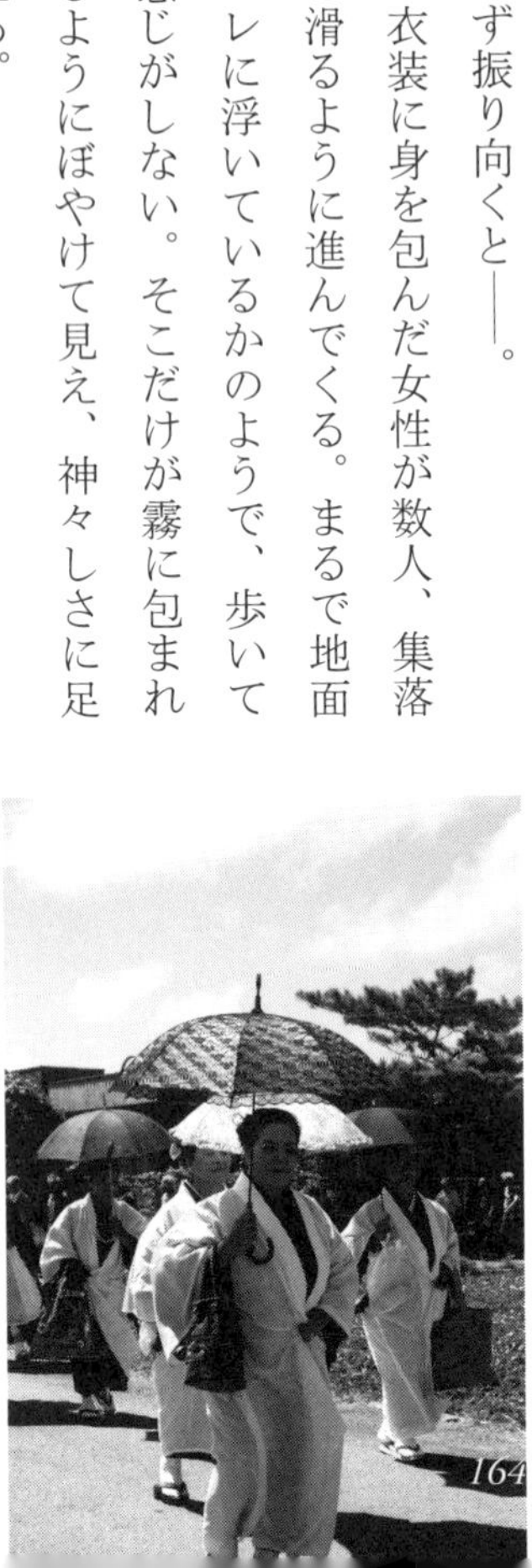

夜10時すぎ、祭事場でお神酒が回され「ヒヤヤッカヤッカ」と掛け声が響く。祭りは夜通し行われ、真夜中に催される神事もある。

取材こぼれ話

三時茶で、ちょっとひと休み

「さすらいの伝承マン」全23回で、いちばん大変な取材でした。祭りの3日間、夜通しで神事が行われるので、寝る暇が全然ない！　またどこに行っても勧められるお神酒が、潰したサツマイモに麹菌を混ぜ発酵させたドロドロの強烈な代物。しかもツヌジャラと呼ばれる5リットルは入りそうな器にナミナミと注がれ、島人が見守る中で一気飲み！　眠くて意識は混濁、腹はお神酒でガボガボ、我ながら倒れないのが不思議でした。

神事も多岐に渡り、終盤に行われた「おじいちゃんに魔物がとりついたので、つる草のムチでしばいて追い払う」儀式を見て、日本も広いなあと感心しました。多良間島の祭りは「八月踊り」が有名ですが、一度はこの「スツウプナカ」も見に行ってほしいですね。

第五章

素晴らしき手仕事の世界

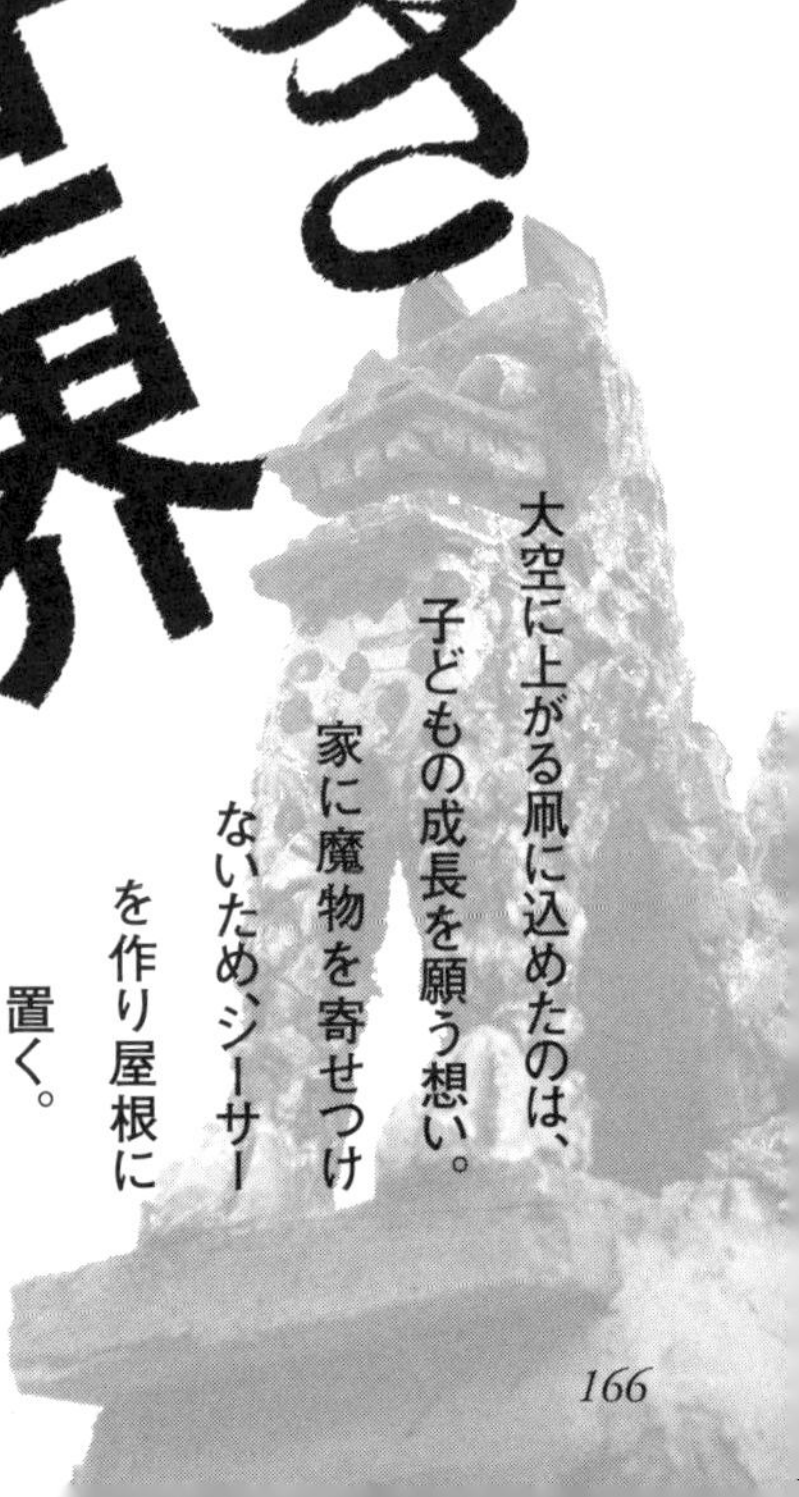

大空に上がる凧に込めたのは、
子どもの成長を願う想い。
家に魔物を寄せつけ
ないため、シーサー
を作り屋根に
置く。
1年に1度
の市が立つ日は
子どもにとって、手作り
オモチャを買ってもらえる大切な日。

——手工芸の世界にありがちな、まず作者の
顔や名前が表に出る場面が、そこにはない。「表現」など
という、こざかしい言葉を耳にしない。
「作り手は作品に名を冠せず、語り部であればいい」——文中にも登場
する、ある師匠の一言が、工芸のあるべき姿を如実に物語る。
そこに野心もなく、名声も追い求めない、ただただ純粋な「ものづくり」
に学ぶ、伝承の最終章。

伝承
FILE No.20

八重山凧作り

自分で作った凧が、大空にグングンと揚がっていく！　高さだけでなく、凧が揚がる確度「仰角」も大切で、凧揚げ大会では分度器で仰角も測られ、大きなポイントになる。

その昔、沖縄全土で子どもの遊びといえば凧揚げだった。沖縄の凧は1700年ごろ、中国から伝わったのが発祥とされている。その後さまざまな娯楽が登場して凧揚げ遊びは廃れたが、石垣島では今も毎年大会を行い、伝統の凧作りが脈々と受け継がれている。

そう、沖縄の凧は買うものではなく、作るもの。石垣島には凧作りの名手が多いと聞き入門に訪れたが、ただ作ればいいというものではない。凧だけに、揚がらなければ意味がない。初めて自分で作る凧、果たして大空に舞い上がるのだろうか。

沖縄でまさかの0.5ミリ計測……緻密な作業の積み重ねに驚く

「まず竹を割りましょう」

師匠・宮良順一さんのご自宅兼作業場に着くと、修業はすぐ始まった。凧の種類はいろいろあるが、今回は八角形の「八角」を作ることになった。入門期間は2日間。そして「2日でできるかなあ……」と宮良さん、少々お急ぎのご様子。凧作りはそれほどに手間がかかるのだ。そして宮良さんが、作業を急ぐ理由がもうひとつあった。

師匠

宮良《みやら》順一さん（写真左）

2001年から八重山凧愛好会会長を務め、その後は同会幹事と日本凧の会・石垣島支部幹事を兼任。全国の凧愛好家と交流を深めながら、八重山凧の魅力を全国に広めるべく、日本中を忙しく飛び回っている。

「アナタ、今夜は空いているの？」「ハイ」「じゃあ6時から一杯やりましょう」

作業前から何度も、このやりとりが。なるほど、急ぐわけだ。作業開始！

ナタで竹を細く割り、柔らかくしなるようになるまで内側を小刀で削る。これが凧の骨になる。弓なりにググイと曲げて、しなり具合をチェック。均等に削れていれば、きれいな半円を描く……はずだが、僕が削った骨はイビツな曲線を描き、イマイチの仕上がり。

「右のほう、もう少し削ろうね」と宮良さんに言われ、右を削り再び弓なりにググイ。

骨になる竹が均等にしなるか、厳密にチェックする師匠・宮良さん。

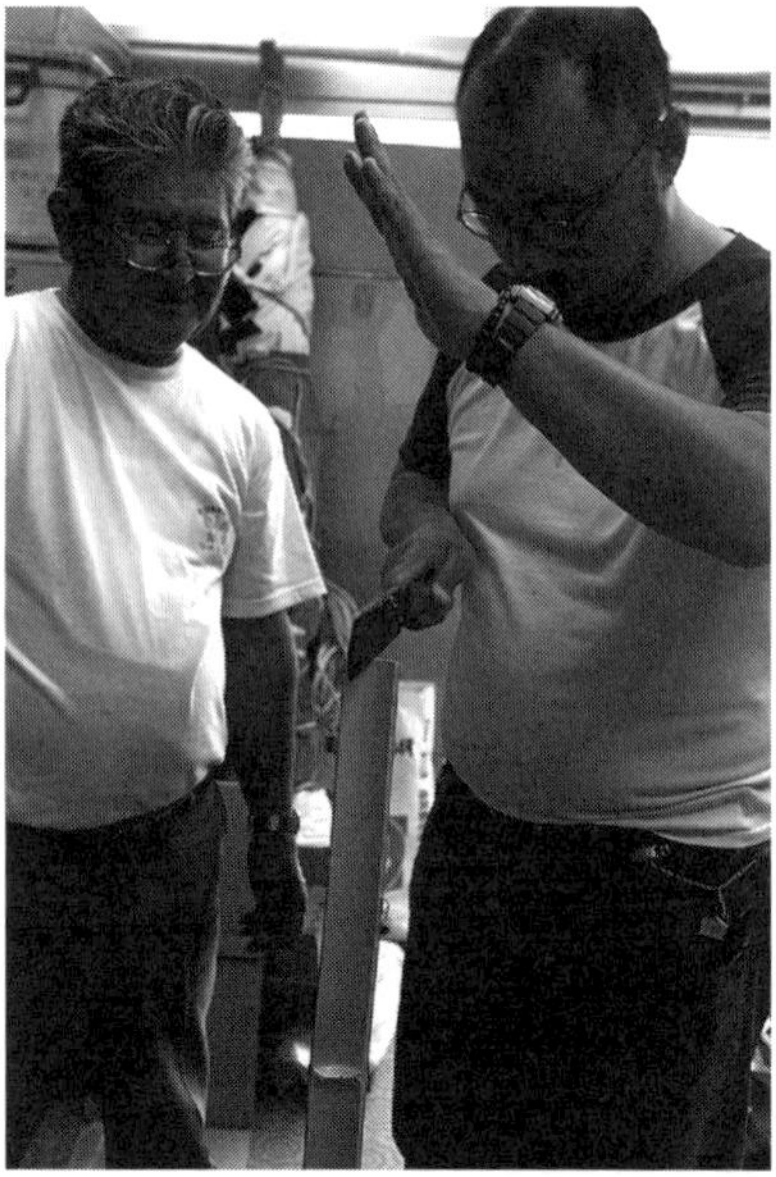

ヒザに竹骨を置き小刀をあてがい、竹骨をスーッと引いて削る。一つひとつが緻密な作業だ。

竹骨の両端を、小刀で２枚または３枚に下ろし、互い違いに噛ませて骨同士を接合する。接合箇所も0.5ミリ単位で測り、正確に。

「今度は左を削ろうか」再び削ってググイ……なかなかOKが出ない。ひとつの凧に骨は14本必要なのに、1本目の完成が遠い。しかし正しく削らないと、凧がバランスよく揚がらない。ひたすら削る。宮良さんも僕もだんだん無口になり、風の音だけが通り過ぎる。

「……昔の遊びは凧しかなかったね」宮良さんがポツポツと話し出す。凧は大晦日にお父さんが、野良仕事が終わってから作った。作業をそばで眺め、除夜の鐘を聞きながらウトウトと眠くなり、そして目が覚めると――。

「元日の朝、枕元に凧が置かれていたよ。嬉しかったね」と宮良さん。

骨をようやく削り上げ、続いて骨組み。竹の骨を長さ61・3センチでカットし、その半分つまり30・65センチを定規で正確に測って印をつけ、そこを中心に骨を組んでいく。それにしても30・65センチ。何事も適当な「てーげー」沖縄で、まさか0・5ミリ単位の作業をするとは！　角度は正しいか、中心はズレていないか丁寧に確認しつつ、ようやく骨を組み上げると。もう夕方。

「6時だね。今日はもう終わりにしようね」

と宮良さん。6時からの飲み会だけは、天地がひっくり返っても譲れないようで、初日はここまでとなった。

めでたく完成！……自作の凧は空に揚がったのか？

飲み会には八重山凧愛好会の皆さんが、続々とやって来た。会長の玉元博さん、副会長の添石邦男さん（高校野球の名門・八重山商工の校長！）、八重山博物館学芸員の寄川和彦さんに、日本凧の会会員でもある村本利三さん。オリオンの中ジョッキが並び、宴会スタート。肴はもちろん、凧の話題だ。

八重山凧愛好会は、会員30名ほど。出来上がった凧を揚げるとき、会員の皆さんも思い思いの手作り凧を持って集まってくれた。左の大きな蝶も、もちろん凧。八重山凧の造型は、アイデア次第で無限大に広がるのだ。

「昔は凧に貼る紙がなくてね、登記用紙や裁判所の用紙まで使ったね」「古文書とかも凧に使ったねー」——当たり前のように皆さんは言うが、裁判は無事に済み、重要な古文書はどうなったのか。思わず笑うが、そうまでして凧を作りたかったのだ。子どものために。

「俺の凧、明日見せるよ。ライト兄弟の飛行機みたいだから」「俺のほうがよく揚がるよ」と凧談義が止まらない。そんな中「テレビが出るまでは、楽しみといえば凧だったねー」と、誰かがポツリと言った。昔は沖縄全土で見られた手作り凧も、今では石垣島を中心に、伝承は細々と紡がれている状態だ。「正月は凧が唸る音で目が覚めてね。空にいくつもの凧が揚がって。あれが島の原風景だなあ」——添石校長がそう言って目を細めた。

親は空に揚がる凧に、子どもの成長を願ったという。そしてお父さんが作る凧は、ほかのどこでも手に入らない世界に一つの凧。お父さんは子どもを思って、夜なべして凧を作り、子どもは愛情いっぱいの凧を手に喜び——そこには暖かい家族団らんの風景がある。

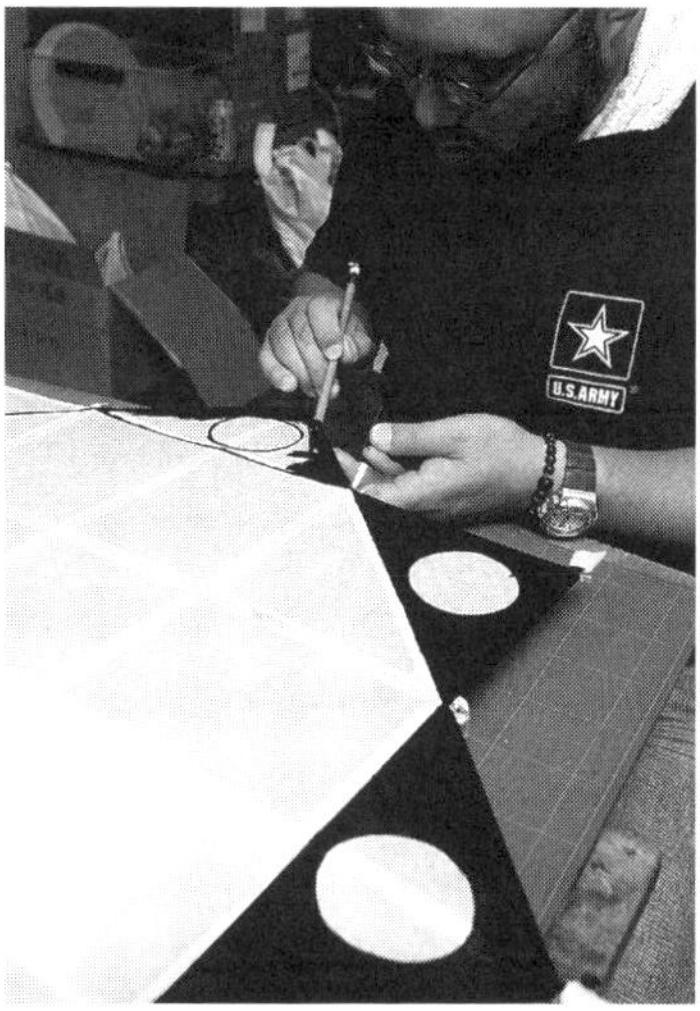

和紙を貼る筆者。
紙は薄く、凧本体は大きいほど、よく揚がるそうだ。

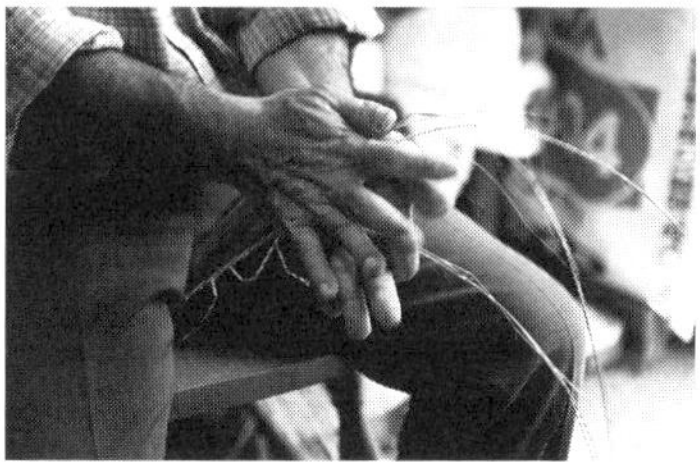

アダンの葉で縄を編み凧に取り付け、これが揚げ糸の基本となる。

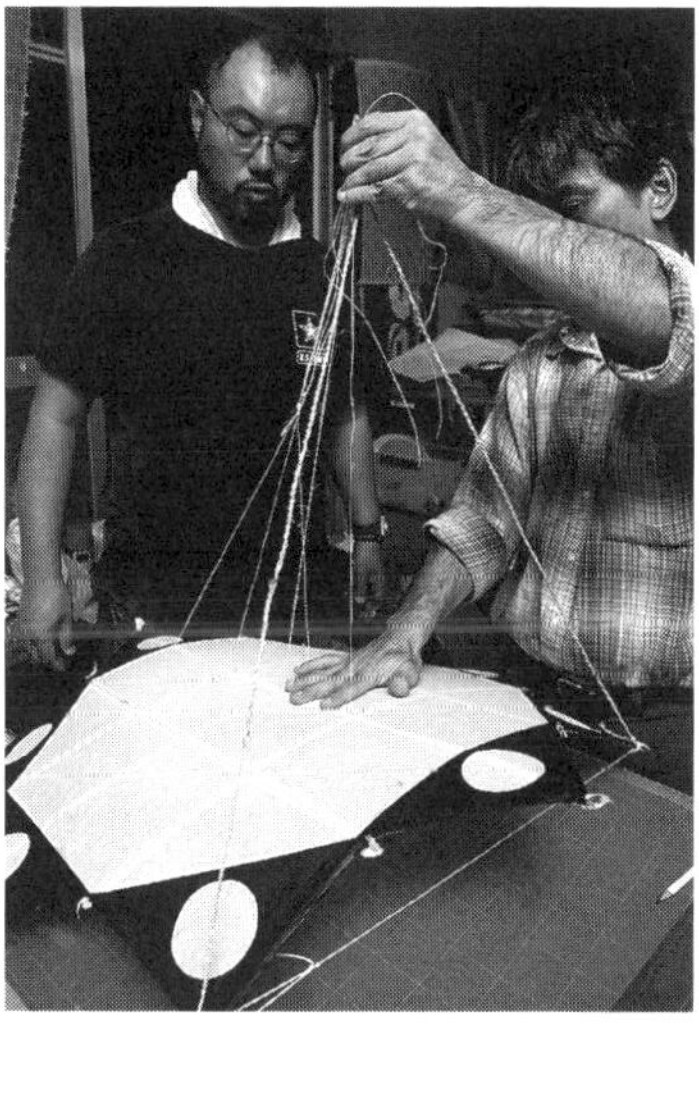

今や凧は、店に行けば買える便利な時代。だが便利さと引き換えに、失われていく情景がある。愛好会の皆さんは、それを伝えたくて凧を作るのだろうか。酒がオリオンから泡盛に変わり、酔いが回っていく中で、僕はなんとなくそう思った。

翌日は紙貼りからスタート。骨組みに合わせて和紙を切り、水で溶いた糊で貼る。

糊が乾いたら、8つの角に丸く切った紙を8枚置いて、角を墨で塗りつぶす。紙を除けば8つの白丸が残り、模様完成。仕上げにシャク(糸)を7本付け、バランスよく揚がる箇

所でまとめ、ついに八角が完成。我ながら美しい仕上がりにホレボレしてしまう。

だが空に揚がってこそ凧。実際に揚がらなければ入門は完了しない。というわけで石垣新港埋立地の広場で試すことになった。海風が吹き青空も覗く、なかなかの凧揚げ日和。凧は本当に揚がるのか？　糸を手に持ち、空にポーンと放り投げた。次の瞬間！

凧が風に乗りグングンと、ほぼ垂直に揚がっていく！　手元の糸ごと空中に引っ張り上げられそうな、凄い勢い！　0・5ミリ単位の緻密な作業のおかげだ。まさかここまで揚がるなんて、凄い。そして嬉しい。

ふと考えた。僕にもし息子がいて、この風景を見たら、尊敬してくれただろうか。

――妄想を横目に、凧は気持ち良さそうにグングンと揚がり続けた。

●取材／2007年11月　●撮影／福田真己

●コーラルウェイ2008年1・2月号に掲載

取材こぼれ話
三時茶で、ちょっとひと休み

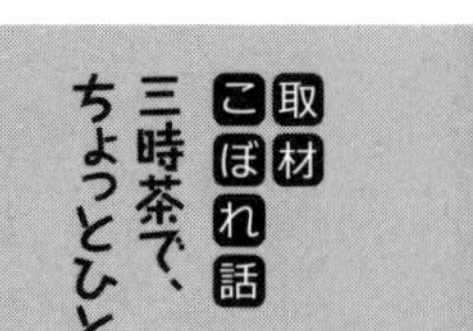

いろいろ驚いた取材でした。「てーげー」沖縄で、まさか1ミリ以下の計測をするとは。またせっかく石垣島にいながら、ずーっとインドア作業。最後の凧揚げ実践で、やっと美ら海を見られて良かったです。

このときの記事は地元・石垣島の「八重山毎日新聞」でも取り上げられて、とても嬉しかったのを覚えています。島も最近は伝統工芸離れが激しく、僕の記事を通じて「伝えていくべき家族の情景」を感じてくれた人も、少なからずいたようです。「伝承マン」に初めて公の場で反響があった点でも、思い出深い経験になりましたね。

ちなみに作った凧は家に持ち帰り、今もきちんと保管してあります。なかなか揚げる機会がないのが残念ですが。

漆喰シーサー作り

伝承
FILE No.21

赤瓦屋根の上で、にらみをきかすシーサー……沖縄で古い集落に行くと、よく見かける風景だ。ご存知の通り、シーサーは家の守り神。屋根の上でくわっと目を見開き、家に近寄る魔物を追い払うと信じられている。

なぜ屋根の上にいるのか？　その昔、瓦職人が屋根を葺いたあと、余った漆喰と瓦でシーサーを作り、屋根に置いたのが始まりといわれている。最近は焼物のシーサーを門柱に乗せる家が増えてきたが、久米島に50年以上も漆喰シーサーを作り続ける名人がいると聞いた。名人は大正生まれ、取材時なんと86歳！　晴れた日の午後、久米島を訪ねると、名人は白い歯を見せ笑顔で迎えてくれた。

目は見開き、口も大きくガッと開いて魔物を追い払う

ハイビスカスの生垣をくぐると、新城幸吉《こうきち》さんは穏やかな笑みをたたえ縁側に座っていた。入門はすぐには始まらず、三男嫁の雅子さんが冷たいお茶を入れてくれる。まずは一息。

「ナチュ（夏）はあちゅくて（暑くて）ねー」と言い、幸吉さんがお茶を片手に笑う。なんだか夏休み、田舎に

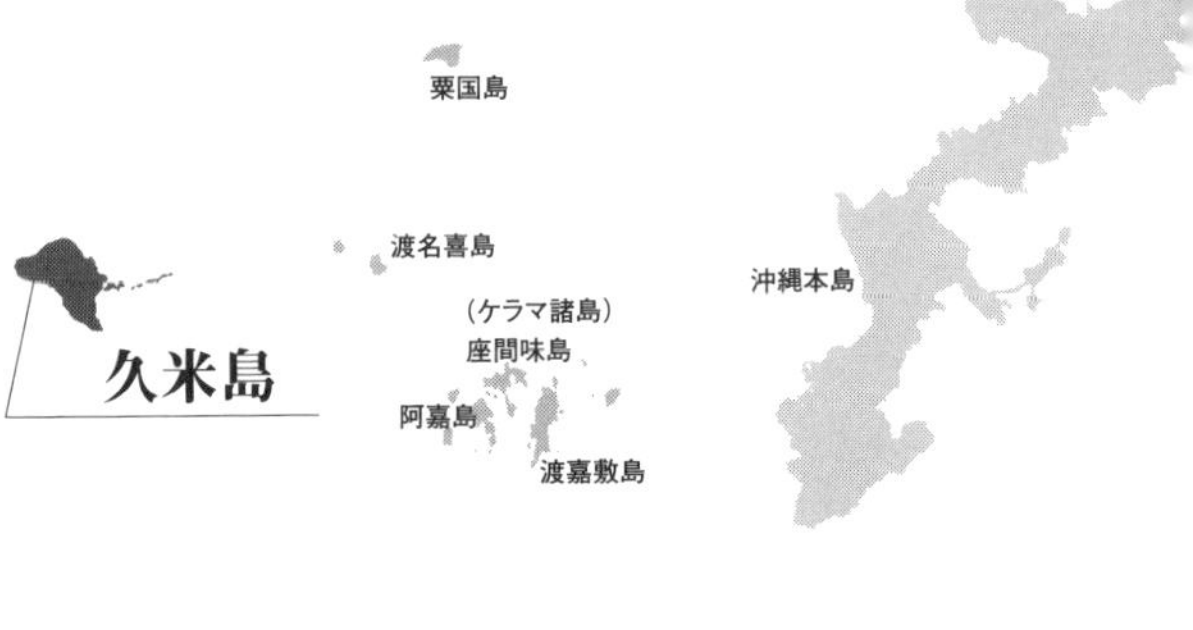

師匠

新城 幸吉さん（写真右）
大正11年西表島生まれ。幼いころ久米島に移り住み、13歳から瓦の仕事に携わり、24歳で一人前のムチゼーク（瓦職人）となる。その後50年以上にわたり、80歳になるまで屋根に上り瓦を葺き、シーサーを作り続けた名人でいらっしゃる。

帰省した気分。

だがシーサー作りは2日かかると聞き、あまりノンビリしてもいられない。お茶を飲み干すと幸吉さんが、ゆっくりと腰を上げた。

「瓦を切るといいサー！」と幸吉さん。瓦を「割る」のではなく「切る」？

庭先のゴーヤー畑で、幸吉さんは電動ノコギリを手に取ると、瓦を「切り」始めた。静かな集落に「ウイーン！」と電気音が唸り、火花が飛ぶ。幸吉さんはガッシリとノコギリを構え、胴体や前足などパーツがどんどんできていく。さすがに素人には危険な作業なので、僕はただ見守るだけ。

「瓦が悪い。困ったもんだ」

幸吉さんの表情が曇り、数分前の穏やかさとは別人のよう。10センチ四方

回転ノコギリを操り、幸吉さんが瓦を切る。昔はそんな機械はなく、カナヅチで割り形を整えたそうだ。

の瓦に、ノコギリを軽く当て歯を刻むのだが、瓦がもろく欠けてしまうのだ。「歯は切らなくていいんじゃない?」と雅子さんが声をかけるが、集中する幸吉さんの耳には届かない。気が満ちてシーサーに生命が吹き込まれていく……。

歯が完成して、僕もやっと作業に加わる。シーサーは雌雄ペアが基本で、幸吉さんがメスを、僕がオスを作ることになった。胴体と前足用に切った瓦を漆喰で繋ぎ、さらに漆喰を盛ってコテでならしボディを作っていく。ケーキにクリームを塗る作業に似ていて、気分はパティシエ……なんて思っていたら。

「傾いてるよー」と幸吉さんの指導が飛ぶ。漆喰の重みで崩れ出したのだ。パティシエ気分を追っ払い、前後左右からバランスをチェックしつつ、再び漆喰を盛っていく。

首から下ができ、続いて顔作り。最近はメスの口を閉じるのが一般的だが、雌雄とも口を開けるのが幸吉さん流。魔物を威嚇するため必要なのだという。苦労して作った歯を漆喰で固定し、鼻の穴を2つ開け、目にはビー玉……シーサーらしくなってきたぞ。だが。

「耳と鼻が東に歪んでるねー」と幸吉さん。ひ、東はどっちだ!? 慌てて太陽で方角を確認しつ

炎天下の真夏の久米島で、幸吉さんと並んで漆喰を盛る。魔物を避けるには大きく作り「見られている感じ」を出すこともポイントだ。

つ調整、無事シーサーの形が出来上がった。……あれ？妙に丸みを帯び、太っているのは気のせいか？

「作る人に似るサー」と幸吉さんが笑う。ちなみにご自分が作ったメスは「オバア(奥さんのツルさん)に似てるサー」とのこと。日が傾き「茶ぐゎー飲んで考えようねー」ということで、初日の作業はここまでとなった。

漆喰を塗り終わり土台が完成。一晩乾かしてから色づけするのだが、それにしても太っている。

幸吉さんと、奥さんのツルさん。久米島はもともとムチゼークが少なく、幸吉さんは遠くの集落まで歩いて仕事に出かけた。ツルさんは留守を預かり8人の子を育て、幸吉さんを支えた。赤瓦屋根にシーサーがいる島の原風景の向こうに、おふたりのいろいろなご苦労があったのだ。

屋根の上のシーサーが、島の原風景を守り伝える

「シーサーは漆喰でなければ」と幸吉さんは言う。焼くと死んでしまうから、焼物では魔除けにならないそうだ。ズッシリ重く頑丈な漆喰シーサーは、少々の高さから落ちても壊れず、雨や台風にも強い。それに漆喰で葺いた屋根には、漆喰シーサーのほうがすわり心地も良さそうだ。

「屋根にはシーサーぐゎー置かんといかん」——話しながら幸吉さんは、何度もそう繰り返した。沖縄全県で、赤瓦に漆喰シーサーを置く家は減りつつあり、久米島も例外ではない。でも屋根にシーサーが座ってこそ

ビー玉を入れて目を作り、色を塗る。ビー玉を使うのはツルさんのアイデアだとか。

島の風景だと、幸吉さんは言いたいのだろう。

最初は、シーサー作りはサービスの意味もあったそうだ。だが幸吉さんのシーサーが評判になり「家を新築するからシーサーを作って」と注文が舞い込むようになり……そうして50年以上もシーサーを作り続けている。

「昔は注文があれば比屋定（ひやじょう／島北部の集落）まで歩いていきました。道はジャリでした。若いころは屋根の上から飛び降りたものです」若き日のシーサー作りの思い出を、幸吉さんがとめどなく話す。一緒に島の原風景が伝わってくる。

屋根の上のシーサーは、魔物を追い払うだけでなく、島の古きよき時代を伝承する役目も負っている――そう感じた。

セミの声が青空を覆いつくす。日差しが痛いほどの晴天の下、２日目の作業は色づけから始まった。まず顔や前足に鮮やかな赤色を入れていく。シーサーは日が昇る東に置く。そして風水的に「東に赤」がいいそうだ。目の表情、口の開け方、そして色。すべてに意味を持たせることで、シーサーは魔除けの力を発揮するのだろう。

仕上げは幸吉さんのオリジナル、水玉模様を入れていく。水玉の大きさは、これくらいでいいでしょうか？　……あれ？

完成した2体のシーサー。左のデブなほうが、僕が作ったオス。シーサーが雌雄両方必要なのは「人間もそうだから」と幸吉さん。メスを少し大きく作るのがポイントだそうで、女性が強い沖縄らしい。

幸吉さんはいつの間にか、縁側でスヤスヤと眠っている。仕方ないので自分のセンスで筆を入れ、終わったところで幸吉さんが目を覚ました。そしてこの一言。

「……水玉が大きい！」

今さらそう言われても！　そこは何とか見逃してもらい、シーサーは完成した。デブだけに存在感は抜群で、しっかり魔除けをしてくれるだろう。

作業を終えた幸吉さんが「元気なうちは（シーサーを）作るサ」と、ポツリと言った。短い一言が「久米島には自分のシーサーが必要」と言っているように聞こえた。

●取材／2008年7月　●撮影／福田真己
●コーラルウェイ2008年9・10月号に掲載

取材こぼれ話
三時茶で、ちょっとひと休み

取材後に少し不思議なことがありました。取材で作ったシーサーが、その後自宅に宅配便で送られてきて「玄関に東向きに置いて」と言われましたが、僕はマンション住まい。玄関前は共用部分なので置けないし、かといって狭い玄関にも置けない。せっかく届いたシーサーを、しばらく開けずにいました。

それがある日、外出から戻ると、本棚の隙間にねじ込んだ宅配便の受領書が、部屋の真中に落ちていました。落ちるはずないのに。慌てて段ボールを開け玄関にシーサーを置き、以来ずっとシーサーは我が家の玄関にいます。

一度誤ってシーサーを蹴ってしまったら、翌日ケガをしたこともあり、なんだか不思議です。気がこもっているとしたら、それは作り手である自分の気なんですけどね……。

※新城幸吉さんは、2011年にお亡くなりになりました。ご冥福をお祈り申し上げます。

金細工《かんぜーく》の指輪作り

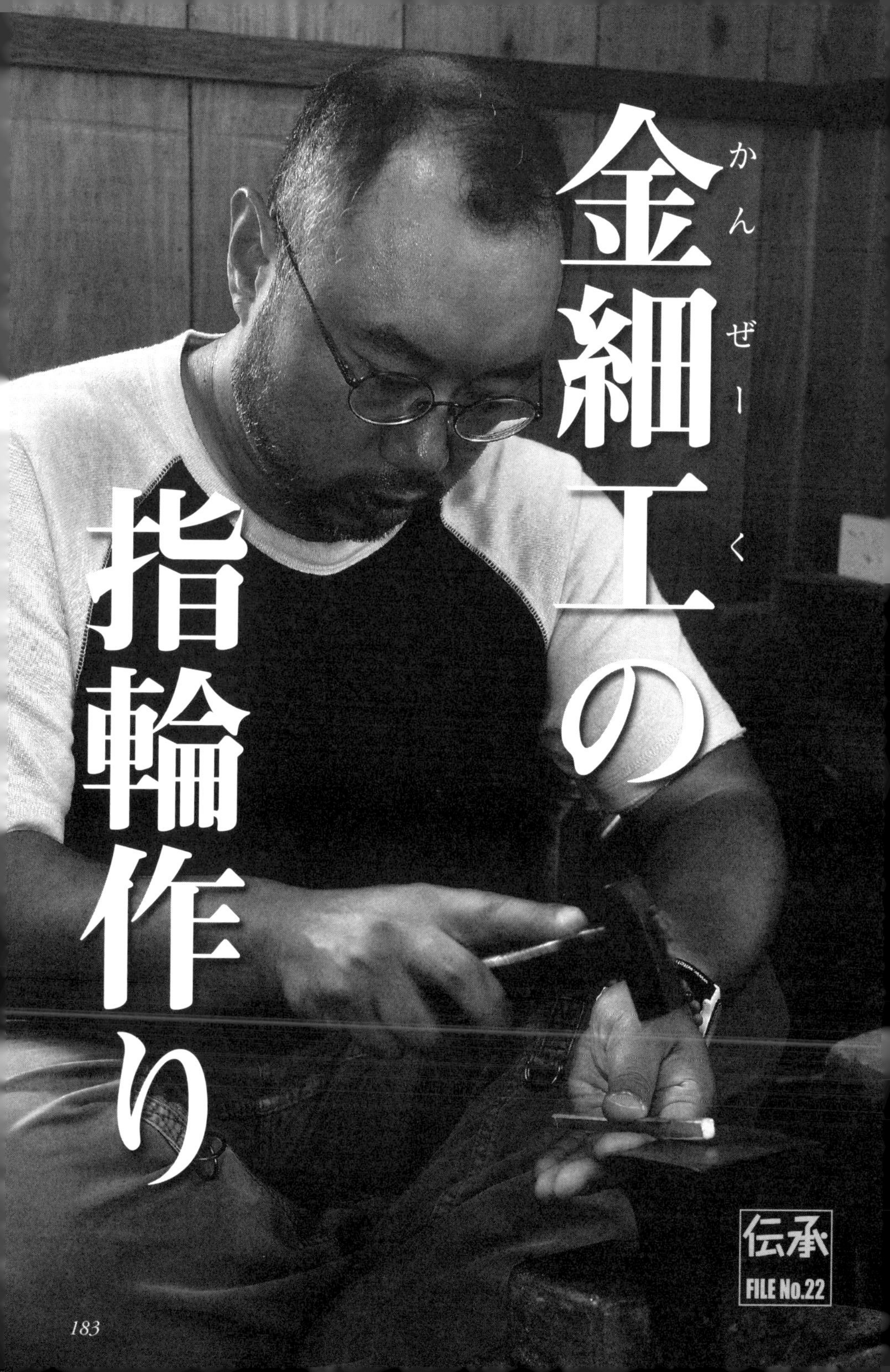

伝承
FILE No.22

金細工は琉球王朝時代から、約５００年の長きにわたって受け継がれる伝統工芸である。繊細な手仕事が作り出す指輪やかんざしは、今も琉球舞踊や婚礼の場に欠かせない。

その伝統技は、戦前戦後の混乱の中であわや消えかかった。だが奇跡とも言える復活を果たし、琉球王国の気品を今に伝えている。

僕はここまで指輪ほか、華やかな装飾品とは無縁の人生を送ってきた。そんな自分が由緒正しい指輪作りを習っていいものか……少々戸惑いつつも、首里の住宅街にある工房にお邪魔した。

銀を炙って溶かすことから、指輪作りは始まった

工房は販売所も兼ねていて、一般のお客さんも訪ねてくる横で入門は始まった。「金細工またよし」で受け継がれるのは房指輪《ふさゆびわ》、結び指輪、ジーファー（かんざし）の3種類。だがどれも、入門していきなり作れるものではないので、今回は基本となるシンプルな銀の指輪作りを教えていただくことになった。自分用に作るので、まずは指輪のサイズ測定。

……うわっ、27号！　師匠・又吉健次郎さんも「大きいねー」と苦笑い。材料は高価な純銀、それを大量に

師匠

又吉 健次郎さん

「金細工またよし」の7代目であり、琉球時代の金細工を細部まで変えることなく作り続けている。この道35年、父親である6代目・又吉誠睦さんの技を、ご幼少のころから受け継いだ……わけではなく、金細工の世界に入られたのは40歳を過ぎてから。それまではラジオ局にお勤めだったという、異色の経歴の持ち主でいらっしゃる。

作業台は、年季の入った木の切り株。そこに並ぶ道具は、先代から受け継いだものばかり。誰かが使わないと道具がさびる——そう思ったことも、又吉さんが金細工を受け継ぐ理由のひとつだったそうだ。

使ってしまうのが申し訳ない。
27号分の銀片を小皿に乗せ、800度のバーナーで炙ること15分。銀片はクツクツと煮えて溶け、光り輝く液体となった。その一滴ずつが、まるで宝石のように美しい——と見とれているヒマはない。冷えて固まる前に、型に一気に流し込むのだ。だが扱い慣れないため手元がこわばり、モタモタしている間に銀は固まってしまった。再び15分の炙り直し。完成までの道のりは、ひたすら遠い。

バーナーで銀片を炙り溶かし、すぐに型に流す。

まずは小さな銀の延べ棒ができ上がる。これを打ち伸ばし、帯状にする。

それでも2回目の作業で、溶かした銀を無事、型に流す。銀はすぐ固まり、長さ35ミリの小さな延べ棒になった。これを金槌で打ち伸ばし、薄い銀の板にする。完全に冷えると打っても伸びないので、火で炙って赤く色づいたら水につけ、また打つ。炙りすぎると溶けてしまうので、一瞬も気を抜けない。

打つごとにほんの数ミリずつ、銀は徐々に伸びていく。だが形がイビツだ。「貸してごらん」と又吉さんが、トントンとリズミカルに打つと、銀はあっという間にスラリと美しい形になった。「王や長嶋のように、脇をしめて打つといいよ」と又吉さん。意外な例えに笑い、緊張が解けたのか、金槌が次第に手に馴染んでいく。トンテンカンテン。お客さんが訪ねて

工房の片隅で、銀の延べ棒をひたすら打つ。金槌をまっすぐ当て、リズミカルに打つのがコツ。このリズムもまた、伝承すべき技のひとつだと又吉さんは言う。

指先スレスレで銀を打つ。「ヤケドやケガはしょっちゅう」と又吉さん。

銀の延べ棒の打ち方をチェックしてもらう筆者。

くる横で、僕は黙々と銀を打つ。そんな作業を1時間以上続けただろうか。手元の銀が少しずつ、平たくなっていく……。

ようやく80ミリまで伸ばし、カットしてヤスリをかけると、指輪の元となる純銀の帯が出来上がった。細かい作業から解放され、僕は思わず「ふうっ」と息を漏らした。

一点の曇りもない輝きが……「昔のままの大切さ」を伝える

約500年前、琉球王朝の尚真王の時代。「金細工またよし」の初代は王府の命を受け唐（中国）に渡り、技術を修得して帰国した。以後は王府機関の金奉行所の下で、金細工職人として筑登之親雲上（ちくどぅんぺーちん）の位をいただき、「唐行き（トーチ）またよし」と呼ばれつつ発注に応えた。

だがその後、琉球処分により琉球王国は消滅。第二次大戦が始まると材料の金属は国に召し上げられ、さらに1944（昭和19）年10月10日の大空襲で首里は壊滅し、道具のほとんどが灰塵に埋もれてしまった。焼野原から3本の金槌とわずかな道具は見つかったものの、戦後は材料も発注もなく、金細工は完全に消えようとしていた。

だが1960年代、6代目・又吉誠睦《せいぼく》さんの手により、金細工は復活する。琉球に返る――その想いを頼りに伝統技は息を吹き返し、健次郎さんに受け継がれ今に至っている。

「沖縄が琉球だったころのまま、残していくことが大切」と、健次郎さんは言う。だから今も金細工で作るのは、昔と同じ房指輪と結び指輪、ジーファーだけで、この3つ以外に新たなものを増やすつもりはないという。房指輪に施す装飾「七飾り」をはじめ、デザインも変えない。昔の――琉球時代のまま。

「後継者？　今のところはいませんね」

又吉さんはそう言って、複雑な表情を見せた。入門希望者は少なくない。だが誰もがアレンジを試み、作品に自分の名前を冠《かん》したがる。「職人は語り部として伝えればいい。アーティストとなって、自分を前面に出すべきではない」——そう考えているから、自分の名を世に出したい人には技を継げない。
「ヤンバルクイナと同じ。絶滅寸前だよ」又吉さんはそんな風に冗談めかして言うが、本心では後進に継ぎたいに違いない。一度消えかかりながら、奇跡的に蘇った技なのだから。

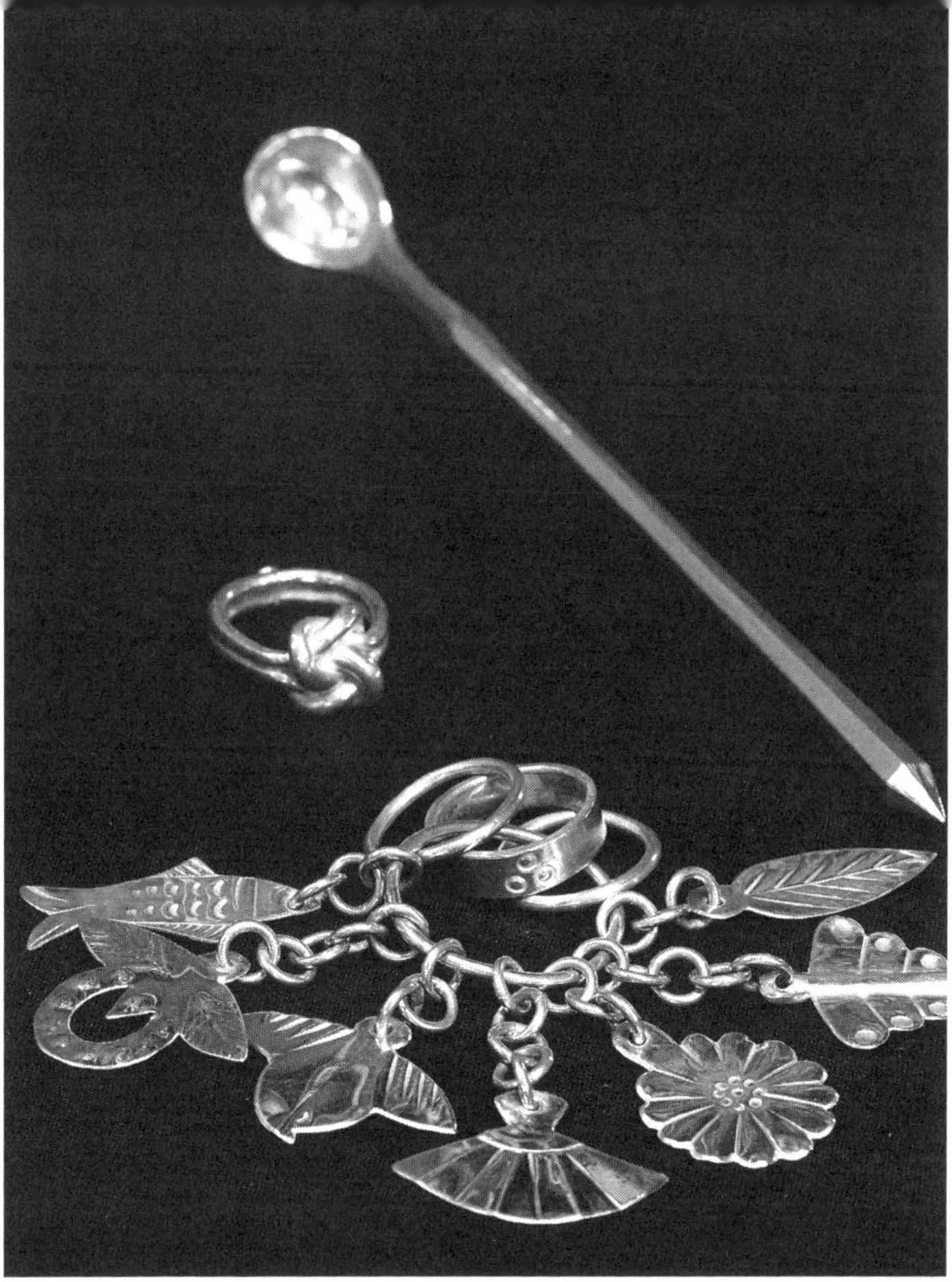
手前から房指輪、結び指輪、ジーファァー。華麗な房指輪は婚礼に欠かせない。結び指輪は男女の結びを意味する縁起物。ジーファァーは女性の面長な顔やうなじ、肢体の美しさを表現している。

僕が無神経に「アクセサリー」という言葉を使うと、又吉さんの表情が硬くなった。例えばある婦人が火事のとき、肌身離さずつけていたジーファァーを火中に投げ入れ鎮火を願った逸話が残っている。金細工は単なる装飾品を超え、身につける人の分身なのだ。そうした気持ちも含めて伝えないと、いつしかアレンジが加えられ、華美なだけの装飾品に成り下がってしまうのだろう。
「失いかけて、でも残った。だから変えてはいけない」と又吉さん。そして首里は王国解体と戦争で変わ

原寸大・筆者が作った27号の指輪。外輪の直径は実に26mm！

指輪のエッジをヤスリで削る。完成まであとひと息！

り、最近は都市開発でさらに風情が失われている。そんな現状に抗い、小さな指輪やかんざしが「変わらないことの大切さ」を訴えているような気がした。

銀の帯を炙って棒に巻きつけ、両端を溶接してつなげてリングにする。仕上げに研磨剤で磨くと、光り輝く銀の指輪が完成した。27号の指輪は大きくて、さすがの又吉さんも「すごいね、コレは」と笑いが止まらない。

さっそく指にはめてみると、一点の曇りもなく輝き、たとえ巨大でも美しい。この光沢は500年前から変わらない――そう思うと、僕の極太の指もなぜか、王朝貴族のしなやかな指に見えてくるのだった。

※（注）一般の人が体験できる体験コースなどはありません。

●取材／2008年12月　●撮影／福田真己
●コーラルウェイ2009年3・4月号に掲載

取材こぼれ話
三時茶で、ちょっとひと休み

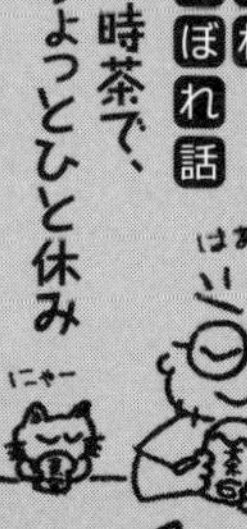

とにかく僕の指が太くて、取材開始早々から又吉さんを唖然とさせてしまいました。工房では指輪を買う人の、指の太さを測るメジャーもあったのですが、対応サイズは23号まで。まさに規格外の太さだったのです。僕は全身の全部位がいちいち大きく太いので、「伝承マン」の取材では迷惑をかけまくり。踊りの衣装を着ようにも、サイズがなかったり。でも指が太い自覚はなかったので、我ながら驚きましたね。

この取材をするまで、指輪をつける習慣はありませんでした。でもせっかくなのでつけてみたら、私生活のいろいろな問題が急に解決するようになって。自分にとってラッキーなアイテムなのかもしれません。最近は体重を落として指もやせたので、指輪はつけていませんが、今も仕事机のよく見える場所に飾ってあります。

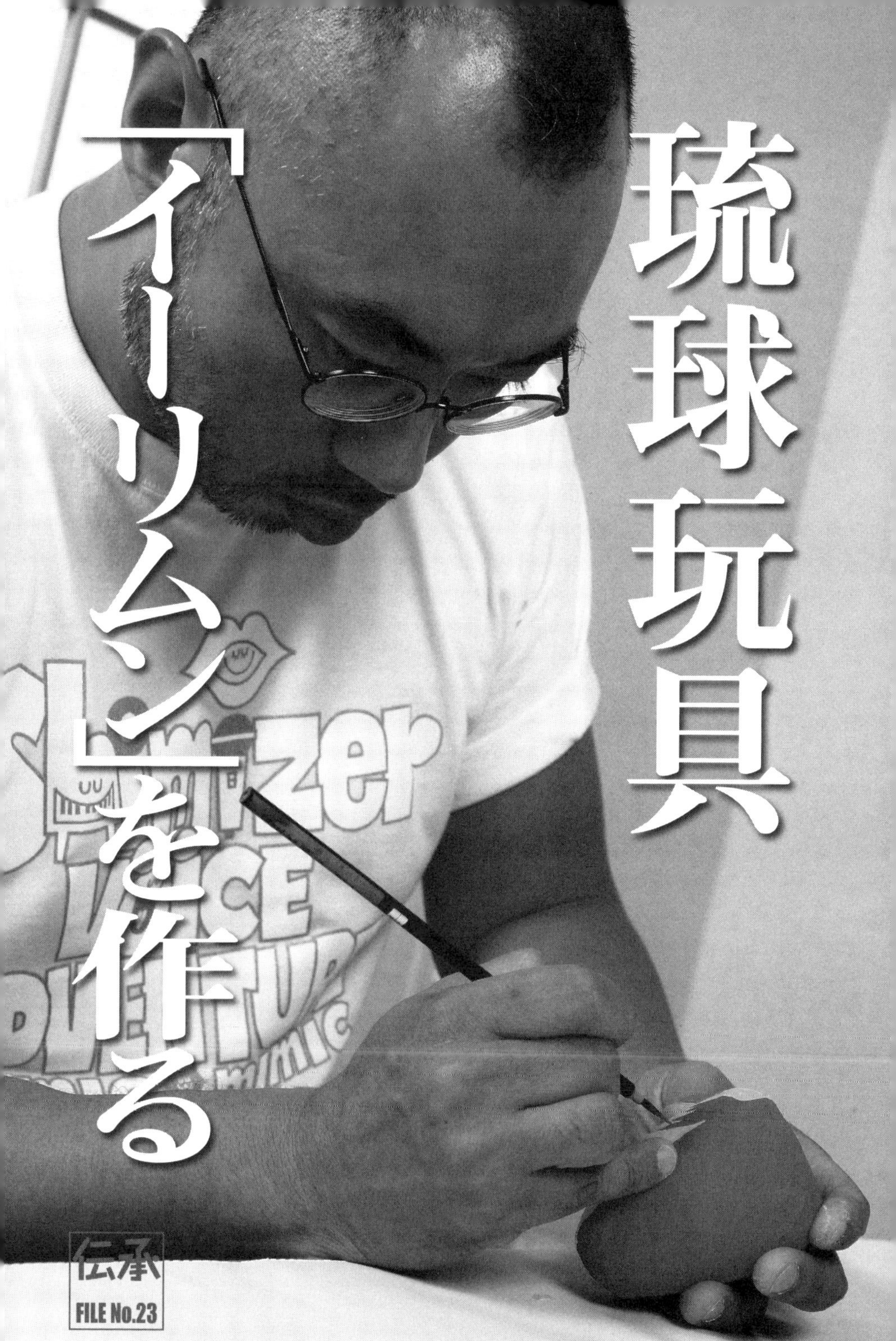

琉球玩具「イーリムン」を作る

伝承 FILE No.23

沖縄では旧暦5月4日に、子どもの成長を願い「ユッカヌヒー」というお祝いが行われる。昔はこの日に市が立ち、張子や木の手作りオモチャ「イーリムン」が売られ、子どもたちは心弾ませつつ買ってもらったそうだ。

その後、大正時代になると、この古きよき玩具はいったん消えかかる。だが収集家でもあった古倉保文さんを中心に、戦後になって復元された。その保文さんのお孫さんが、今もイーリムンを作っていると聞き、僕はイソイソと那覇市壺屋の住宅街に向かったのである。

紙を貼り、色を塗り……完成まで数日がかかり

作業場は、ごく普通のお宅の一室だった。「家事を済ませたら、夕方までここで作業します」と言う師匠・中村真理子さんも、普通のお母さんの雰囲気。玩具作りは主婦が家事の合間に伝承しているのだ。真理子さんが受け継いだイーリムンは、約20種類。この日はその中でもシンプルで作りやすい、張子の「ウッチリクブサー」（起き上がり小法師／ダルマ）を一緒に作ることになった。切れ長の目が特徴の中国美人を思わせて、本土で見る力強いダルマと違い、優雅な表情がいかにも沖縄風だ。手先のガサツな僕に作れるだろうか。まずは型に紙を貼る作業から入門は始まった。

師匠

中村 真理子さん

イーリムンの復元に尽力し、那覇市指定無形文化財にも指定された古倉保文さんのお孫さんで、自宅の一室を兼ねた「琉球玩具製作所 こくら」で玩具を作っている。保文さんは平成12年に95歳で天寿を全うされたが、おじいちゃん子だった真理子さんは保文さんの作業を見ながら育ち、自然な流れで玩具作りを受け継いだそうだ。「細かい作業が好きだから、向いていたのでしょうね」と穏やかに笑う真理子さんは、2人のお子さんを持つ主婦でもある。

製作途中の闘牛ならぬ「闘鶏(タウチー)」。これもまた庶民の娯楽のひとつだった。

「チンチン馬小」は、国王主催の競馬の日に馬場に向かう王様の姿を表している。イーリムンは当時の娯楽風俗を模したものも数多い。

※「琉球玩具製作所　こくら」の玩具は、那覇市の「てんぶす那覇」で購入可能。

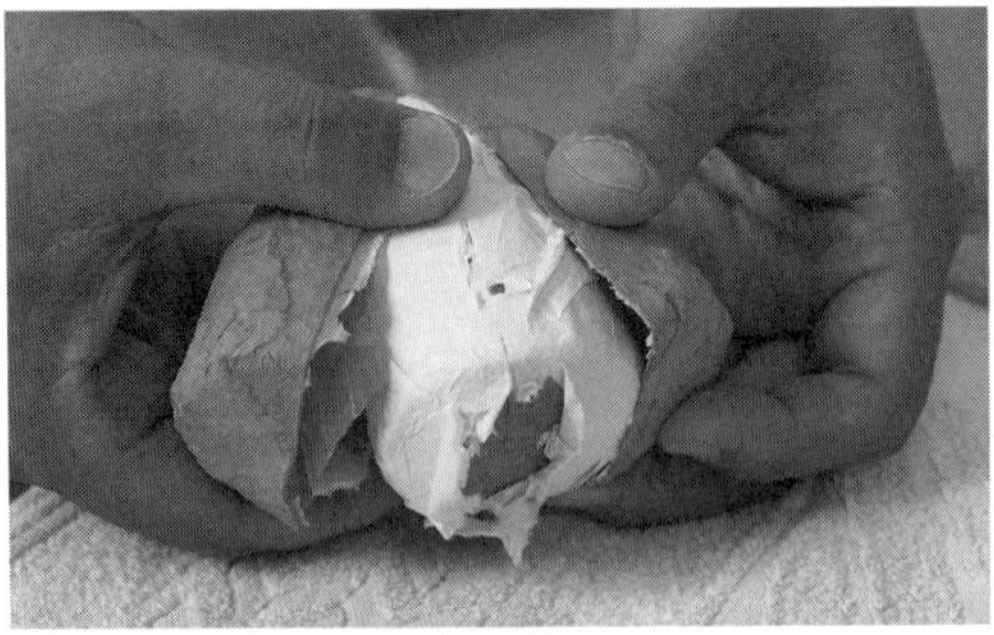

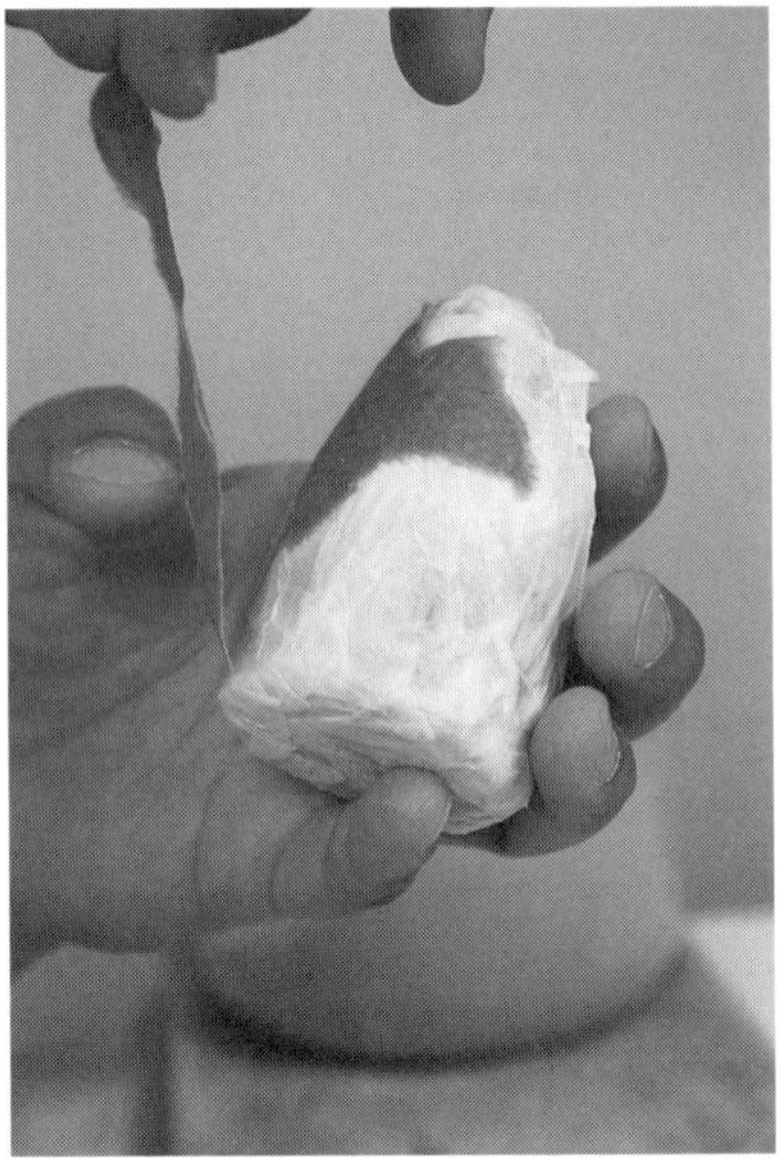

紙を貼る。シワがよると表面がデコボコになるので、指先で伸ばしながら一枚ずつ丁寧に。

土台をカッターで縦半分にパカッと割り、中から型が出てくると思わず「生まれた!」と叫んでしまった。型は木やセメントで手作りしたもので、保文さんが使ったもののいくつかが、今も現役で使われている。

ダルマ形の木型に、濡らした紙を貼る。シワにならないよう丁寧に。乾いた上に紙を重ねて貼り乾かしまた貼って……これを10枚ほど重ねてやっと土台ができ、さらに下地を塗って乾かし色を塗ってまた乾かし顔を描いて……小さな作業を少しずつ重ねていく。

「でもダルマは、パーツが1つだからラクです」真理子さんはそう言って、馬に王様が乗った玩具「チンチン馬小《うまグヮー》」を見せてくれた。馬の頭と胴体、4本の足、そして王様の各パーツのそれぞれについて、紙貼りから始まる同じ作業を行うため、1つ完成させるのに数ヶ月かかるという。とにかく根気がいる作業なのだ。

乾かした土台を半分に割り型を取り出し(アボカドの種を取る作業に似ている)、ボンドで貼って元に戻す。「昔は糊がなくて、小麦粉で貼ったそうですよ」と真理子さん。その上に貝殻の粉を配合した白い下地「胡粉《ごふん》」を絵筆で塗る。ダルマの顔の色にもなるのでムラなく丁寧に。黙々と続く繊細な手作業、絵筆を持つ手先がこわばり、小刻みに震える……。それでも下地を塗り終えて乾かし、さらに黄色、赤、緑の絵の具で模様を描くと、徐々にダルマらしくなってきた。

「乾くまで休憩しましょう」と真理子さんがお茶を入れ、僕は筆を置き「ふうっ」と一息ついた。

子どもの成長を願い……優しい気持ちで手作り

沖縄がまだ琉球で、ユッカヌヒーの市が立たなかったころは、イーリムンは家庭で親や祖父母が作るのが普通だった。そして作るとき、子どもの成長や立身出世などの願いが込められた。例えばハーリーの櫂を模した「イエークグヮー」に、子どもが世間の荒波を漕ぎきって、立派な人間になるよう願いを込めて……そして今回作る「ウッチリクブサー」にも「七転び八起きの強い心を持つ子に育ってほしい」という想いが託されている。

大正時代に入るとブリキやセルロイドの玩具が人気となり、イーリムンは消えかかった。だが20代から収集を続けていた古倉保文さんを中心に、戦後になって復元が行われ、イーリムンはすんでのところで息を吹き返す。戦争で資料は燃え、幼い頃の記憶とお年寄りの口述だけを頼りに、伝承の糸は繋がったのである。

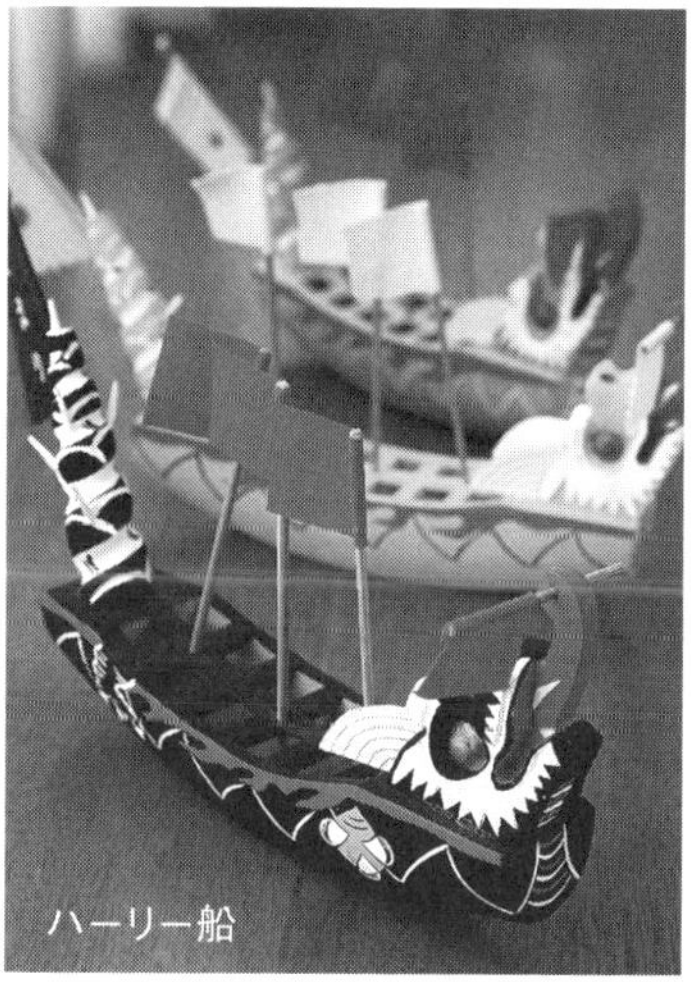
ハーリー船

子どもの成長を願う想いと、手作りの温もり。そしてオモチャに喜ぶ子どもを、両親と祖父母が見守る光景――イーリムンが伝えるものは多い。だから今後も受け継いでほしいが、今は真理子さんがお父さんと叔母さ

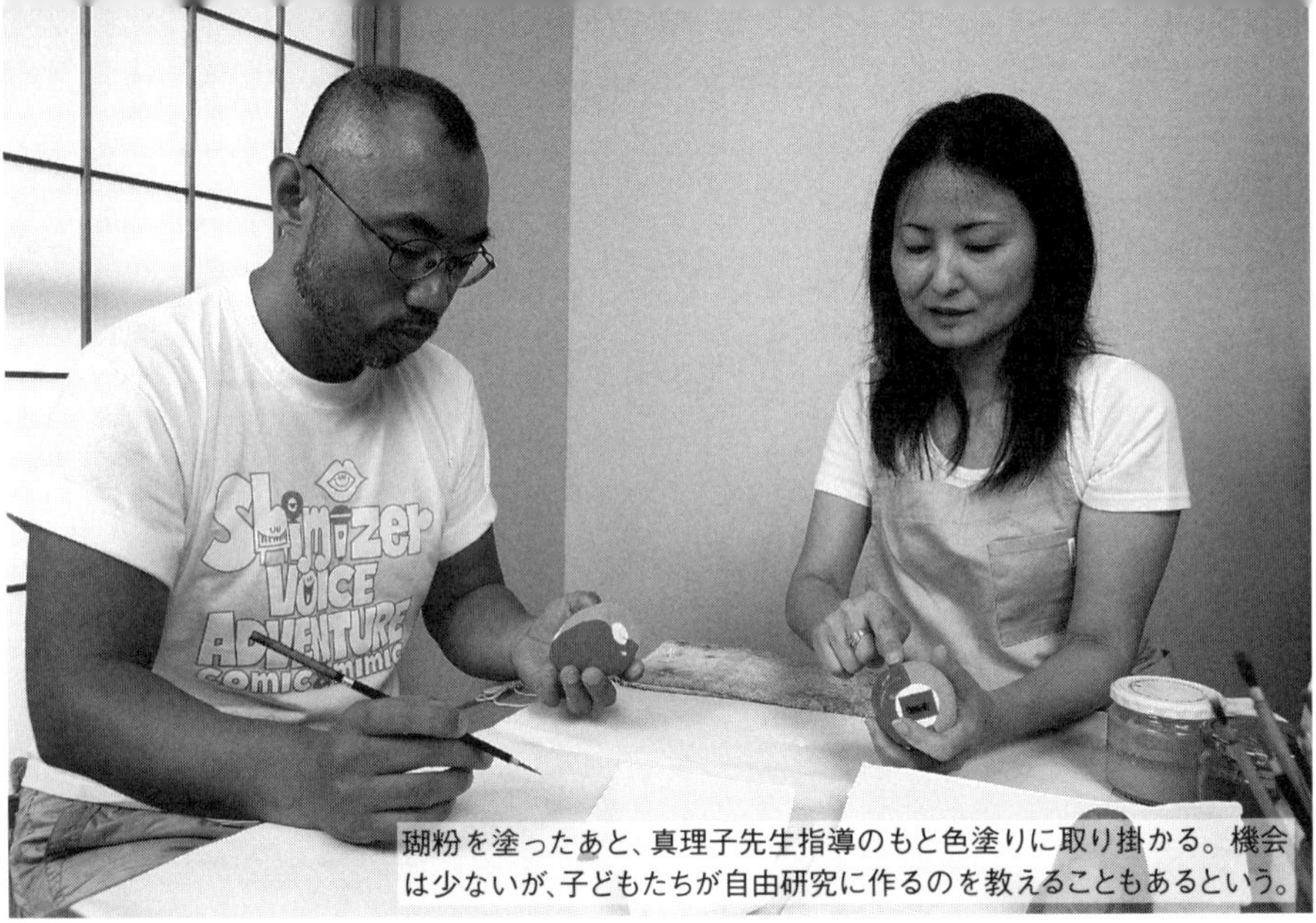

胡粉を塗ったあと、真理子先生指導のもと色塗りに取り掛かる。機会は少ないが、子どもたちが自由研究に作るのを教えることもあるという。

んの力を借り、家事の合間に細々と作るだけ。「この仕事だけで生活するのは、大変かな……」と、後継者については真理子さんも苦笑するばかりだ。

それでも「おじいちゃん（保文さん）はどんな人でしたか？」と聞くと真理子さんは目を細めた。

「優しい人でした。寝るときは寝つくまでウチワであおいでくれてね。オモチャ作りもあれこれ言われたことはなくて、いつも『上等だねー』とほめてくれました」

——しみじみ伝わる保文さんの人柄。しかめ面の職人ではなく、子どもの笑顔を想って作業する姿が目に浮かぶ。子どもたちは手作りオモチャと一緒に、そんな優しさも与えられていたのだろう。

「作って楽しくて、出来上がって癒されます。だから」誰かさりげなく継いでくれないかな……真理子さんはそう言って、静かに微笑んだ。

いよいよ仕上げ、顔を描く。細か

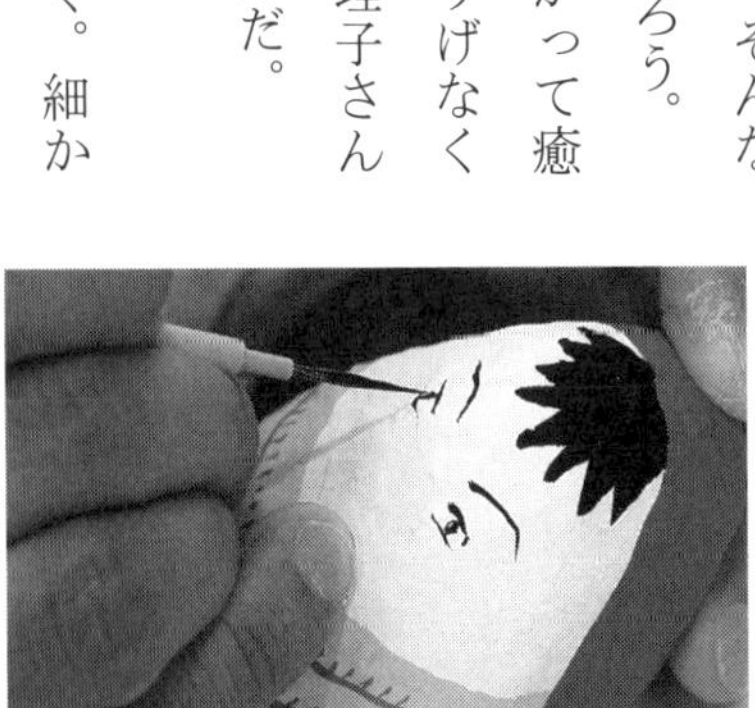
最後、そして最大の難関、目を描く。ウッチリクブサーは表情が命。ここで失敗したら、紙貼りや下地塗りの苦労が水の泡だ。

い指導はしなかった保文さんも顔入れだけは「無心で静かな気持ちで」と伝授したという。極細の絵筆を黒い絵の具に浸し、細い眉をシュッと引き黒目を描く。中国美人になりますように——。

できた。結局ボテッと太い眉と目を描いてしまったが「味がありますね」と真理子さんがほめてくれる。ここで「ただいま」と娘さんが帰宅。「お帰りなさい。何か食べる?」と母の顔に戻る真理子さんを見て、ここが普通の家であることを思い出した。「文化財の伝承」というと堅苦しいが、オモチャは敷居の高い工房より、こんな風に家庭で受け継がれていくほうが似合っている。

ついに完成! 手前は僕が作ったウッチリクブサー。奥の真理子さん作品に比べると優雅さには欠けるが、我ながら上々の出来栄え。

出来上がったダルマを、思わず指でチョンとつつく。倒れては起き上がり、またチョンとつつく。手作りの素朴な温もりが、僕の中の童心を呼び起こしてやまなかった。

●取材/2010年9月 ●撮影/福田真己
●コーラルウェイ2010年11・12月号に掲載

取材こぼれ話
三時茶で、ちょっとひと休み

「さすらいの伝承マン」全23回連載の、最終回を飾ったのがこの玩具作りでした。時には角力(すもう)や空手など、激しい入門も多かった連載でしたが、玩具作りは本当に穏やかで静かな入門で。師匠の真理子先生も物腰柔らかいかたで、心洗われるような取材のひとときでした。

工芸の伝承が、普通の民家の一部屋で主婦により行われ、家事から解放されるほんのひとときが作業時間——。伝統工芸にありがちな敷居の高さが全くなくて、工芸の伝承は本来、こうあるべきじゃないでしょうか。

いろいろ挑戦した「伝承マン」でしたが、最後はこんな風に静かに終わったのが、不思議と沖縄らしく感じられましたね。

あとがき

2002年、会社を辞めてフリーの物書きになった僕は、真っ先に「Coralway」編集部に売り込みに行った。すでに沖縄旅にハマっていて、定期購読している「Coralway」で仕事がしたいと思ったのだ。

だが同じように編集部を訪ねる沖縄好きライターは、大勢いたのだろう。武田編集長は眼光鋭くマジマジと僕を見て、こう言った。

「……で、アナタの特技は何なの?」

咄嗟に出た答えは「体力です!」

「沖縄が好き」だけでは、仕事は回ってこない!

そう答えたのが功を奏したのか運のツキだったのか、少しずつ「Coralway」の仕事は回ってくるようになった。ただし体力取材ばかり! 伝統漁体験に、特大カツオを下ろしカツオ節作り。豚取材では豚小屋のオリに入り、アメリカから来た巨大ブタに威嚇され……そんな「カラダを張った取材ぶり」が認められたのか、めでたく連載「さすらいの伝承マン」は始まった。リゾートホテルや薬膳料理紹介など、ほかの特集の優雅な記事を横目に、僕は修行のような取材に追われた。岩みたいな島の男と角力(すもう)をとり、長さ2mの棒を振り回し、草を裂いて繊維を作り豚肉を幅1cmに刻み三線を弾き銀の延べ棒を打ち伸ばし……気づいたら4年も連載が続き、本書ができたのである。

冒頭でも書いた通り、沖縄には数えきれないほど伝承技がある。だが本土復帰後は都市開発が相次ぎ、核家族化が進み、生活のあらゆる面で「都市化」「東京化」が止まらない。血縁や地域に根づいた人間関係も希薄になり、伝承技を「受け継ぐ」場面が少なくなった——そう嘆く声を取材中に何度も聞いた。

ものが店にあふれて便利になり、草花で道具を作らなくても簡単に手に入る。苦労して料理を作らなくても、スーパーに行けば調理済みの惣菜が並んでいる。手間をかけ工芸品を作っても、昔ほど買い求める人がいない。

それだけでは生活が成り立たないから、子や孫も別の仕事に就いてしまう。伝承を引き継ごうにも、受け継ぐ次世代がいない――。親から子へ、子から孫へ、沖縄で脈々と受け継がれてきた多くの伝承ごとが消えかかっている――取材を重ねるにつれて厳しい現状も知り、歯がゆく感じる場面も少なくなかった。

伝えるのは技術ではない。単に手順を覚えればいいのではない。手先を器用に操り、微細な作業に熟練すればいいのではない。

伝承の背景には必ず「先祖を敬い、家族を大切にする心」「海山の恵みを利用し、自然と共生する知恵」「客が来ればもてなし、楽しいことは共に祝い、悲しいことは分かち合い、誰かを〈ひとり〉にしない」……ほかたくさんの「大切なこと」が潜んでいる。

伝えることは何なのか、伝承技の作法の一つずつに込められた意味は何なのか。それを探り続けた4年間だった。どこまで誌面で反映できたかは微妙かもしれないが……。傍観者としての取材ではなく、自分もカラダを動かし汗をかいた分だけ、伝承技に潜む「大切なこと」が少しでも伝われば嬉しい。

沖縄は深い。何度通っても発見があり、教わることが無限にある。本書をきっかけに、青い海と空に感動するだけではない「受け継ぎ学ぶ旅」を、沖縄で体感していただければ幸いである。

とにかく4年間、大変な取材だった。

取材よりも……時には取材後の飲み会のほうが大変だった。だって沖縄だから！

そんなわけで、引き続き沖縄の本を書いていきます。またヨロシクお願いします。

２０１２年5月　東京・上野の喫茶店にて

カベルナリア吉田

取材・文／カベルナリア吉田

撮影／福田真己、丑番直子、垂見健吾、明石雄介

編集・デザイン／㈱林檎プロモーション　窪田和人

取材協力／日本トランスオーシャン航空㈱（JTA）、
編集室りっか（武田ちよこ、石井克美）

中表紙写真

表／苧麻績み（宮古島／撮影：垂水健吾）

裏／八重山凧作り（石垣島／撮影：福田真己）

カベルナリア吉田

1965年北海道生まれ。早稲田大学卒業後、読売新聞社出版局、情報雑誌「オズマガジン」増刊編集長などを経て2002年よりフリー。沖縄と島を中心に、独自の目線で紀行文を綴り単行本、雑誌ほかで発表している。近著は『絶海の孤島』（イカロス出版）、ほか『カベルナリア吉田の沖縄バカ一代』（林檎プロモーション）、『オキナワマヨナカ』『沖縄ディープインパクト食堂』（アスペクト）、『沖縄の島へ全部行ってみたサー』『沖縄の島を自転車でとことん走ってみたサー』（朝日文庫）、『ひたすら歩いた沖縄みちばた紀行』『旅する駅前、それも東京で!?』（彩流社）など旅の著書多数。JTA機内誌「Coral-way」、島旅雑誌「島へ。」、沖縄旅情報誌「沖縄・離島情報」でエッセイ連載中。読売新聞WEB版「YOMIURI ONLINE」内でも散策エッセイ「東京onedayスキマ旅」連載中。2011年には学習院大学、2012年には早稲田大学社会人講座で、沖縄をテーマに講義も行う。趣味はバイオリン、レスリング。175cm×85kg、乙女座O型。

さすらいの沖縄《おきなわ》伝承《でんしょう》男《マン》

初版発行　2012年6月20日

著　者　カベルナリア吉田
発行者　窪田和人
発行所　株式会社 林檎プロモーション
山梨県北杜市長坂町中丸4466　〒408-0036
電話 0551-32-2663　Fax.0551-32-2663
MAIL　ringo@ringo.ne.jp
印刷・製本　モリモト印刷株式会社
ISBN978-4-906878-00-0　C0039

Copyright © 2012 by Cavelnaria Yoshida
All rights reserved.
Printed in Japan

http://www.ringo.ne.jp/

乱丁・落丁の際はお取り替えさせていただきます